不可不看的跨境电商知识产权故事

牟群月　陈　宇　编著

浙江工商大學出版社
ZHEJIANG GONGSHANG UNIVERSITY PRESS
·杭州·

图书在版编目(CIP)数据

不可不看的跨境电商知识产权故事 / 牟群月，陈宇编著.
—杭州:浙江工商大学出版社，2020.12
ISBN 978-7-5178-4201-9

Ⅰ.①不… Ⅱ.①牟… ②陈… Ⅲ.①电子商务—知识产权保护—研究 Ⅳ.①D913.04

中国版本图书馆CIP数据核字(2020)第246156号

不可不看的跨境电商知识产权故事

BUKE BUKAN DE KUAJING DIANSHANG ZHISHI CHANQUAN GUSHI

牟群月　陈　宇 编著

责任编辑　沈敏丽
封面设计　林朦朦
责任印制　包建辉
出版发行　浙江工商大学出版社
（杭州市教工路198号　邮政编码310012）
（E-mail:zjgsupress@163.com）
（网址:http://www.zjgsupress.com）
电话:0571-89995993,89991806(传真)
排　　版　杭州朝曦图文设计有限公司
印　　刷　杭州高腾印务有限公司
开　　本　710mm×1000mm　1/16
印　　张　9
字　　数　138千
版 印 次　2020年12月第1版　2020年12月第1次印刷
书　　号　ISBN 978-7-5178-4201-9
定　　价　45.00元

浙江工商大学出版社营销部邮购电话　0571-88904970

前　言

近年来，跨境电商产业蓬勃发展，为“大众创业、万众创新”提供了现实路径，也为国内经济发展提供了新的驱动力。但这种迅速崛起的商业模式，本身存在的漏洞也在不断被发现。令不少跨境电商卖家头疼的知识产权纠纷，就是其中之一，突出表现在商标权、专利权、著作权和反不正当竞争等几个方面。长期以来法律法规给人的感觉是枯燥和难以理解的，所以对大众来讲，了解并运用好法律法规是件头疼和有挑战性的事情。因此，本书从跨境电商领域常见的知识产权纠纷问题，即商标权、专利权、著作权、不正当竞争这4个方面切入，采用案例背景、法律分析、法条链接和操作建议等模块，对实务操作中常见的问题进行法律法规的解读，同时收集整理了跨境电商卖家常用的几个平台关于知识产权的规则，使它成为广大跨境电商卖家的“小宝典”。

本书在内容选取和结构编排上具有以下特点。

第一，本书内容分为5个章节。第一章有关商标的那些事，主要介绍了商标权的含义，并通过15个典型的商标侵权的真实案例，给广大跨境电商卖家就日常经营过程中常见的具体商标侵权情形进行了详细解读；第二章专利之殇，主要围绕发明、实用新型和外观设计3种专利，通过5个具体案例详细介绍了专利侵权的判定规则，并进行了有针对性的解读，让广大卖家能初步掌握专利侵权的判断技能，有效逾越专利障碍；第三章著作权困惑，针对著作权存在权利类型多样、权能复杂、权利界限不明等问题，而跨境电商经营者又普遍存在著作权意识淡薄等现状，通过对未经许可使用动漫形象、盗用品牌官网图片、婚纱版式侵权等常见示例的详细解读，让广大卖家避免犯下同样的错误，不断提升经营水平；第四章不正当竞争乱象，针对市场竞争过程中常见的扰乱正常竞争秩序的行为，通过5个具体案例重在提醒广大卖家在经营过程中秉持诚实信用原则和公认的商业道德；第五章平台知识产权规则解读，通过对几个主流交易平台主要知识产权规则的介绍，给经营者以清晰的指引，力助经营者有效处理知识产权相关事宜。

第二，对每个案例的剖析包括4个模块。

“案例背景”导入跨境电商操作中遭遇知识产权问题的实际案例，在案例的选取上做到反映新形势下的问题，真实、典型、实用。

“法律分析”从法律的视角分析导入案例，点明关键所在，做到浅显易懂，针对性强。

“法条链接”则引入知识产权的相关法条及法律规范，做到“有理更有据”。

“操作建议”则在已明确问题的前提下，告诉读者该如何做到避免侵权以及更好地维权，注重操作性，体现严谨性。

本书为浙江省社科联科普课题的研究成果，重在可操作性和趣味性，力求有针对性地反映跨境电商实操中可能会碰到的知识产权问题并提供相应的解决方法。感谢参编人员章安平、刘一展、华红娟的辛勤付出，由于编者水平有限，疏漏与不当之处在所难免，欢迎广大读者批评指正。跨境电商平台规则日新月异，部分案例分析的操作建议等以编著时的平台政策为准，请读者注意及时查询最新政策。

本书在编写过程中参考了大量资料，部分案例背景和图片引用自网络，在此对这些资料的原作者深表感谢。由于资料来源辗转，未能一一标明作者的姓名，恳请有关作者及时与我们联系，我们将按有关规定支付相应稿酬。

最后希望此书能够为您的跨境电商之旅保驾护航！

作　者

2020年10月

目　录

CONTENTS

引　言

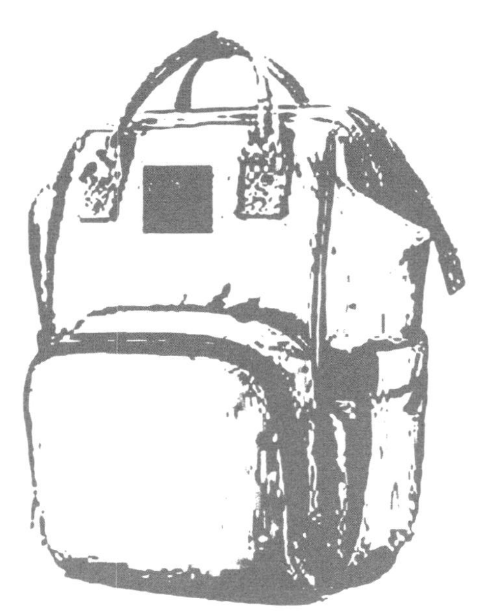

平时生活中我们随时都会接触到知识产权：到快餐店购买食物，该快餐店的名字可能涉及知识产权；最新款智能手机，该手机外观形状可能已被注册，涉及了知识产权；下载理财软件，这个软件是知识产权保护的对象……

知识产权保护的是智力成果、无形财产，是人们对自己所创造的智力活动成果依法享有的占有、使用、收益和处分的权利。

保护知识产权的原因有很多种，最常见的解释为，创造智力成果需要投入人力财力，而知识产权一方面是对已经投入的人力财力的法律回馈，另一方面在于可持续地促进更多智力成果的出现。

但不是所有的智力成果都能成为知识产权。通常知识产权涉及的对象为技术、品牌、设计、作品等，这些无形智力成果成为知识产权之后，便与房屋、汽车等有形财产一样，都受到国家法律的保护。有些重大专利、驰名商标或作品的价值甚至远远高于房屋、汽车等有形财产。

知识产权只是一个统称，根据保护对象的不同，主要包含图0-1所示的类型。

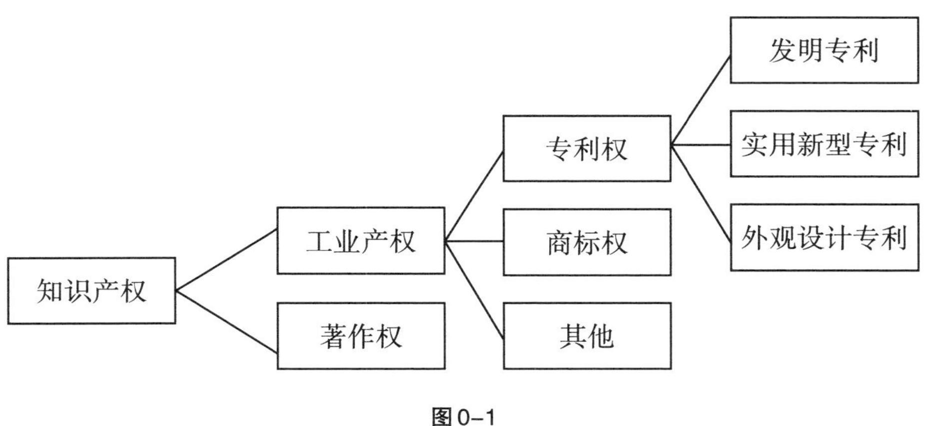

图0-1

当谈到知识产权时，需要先明确该知识产权的具体类型，再根据类型的不同明确其具体的保护内容。平时经常接触到的知识产权类型主要为专利权、商标权、著作权。

第一章　有关商标的那些事

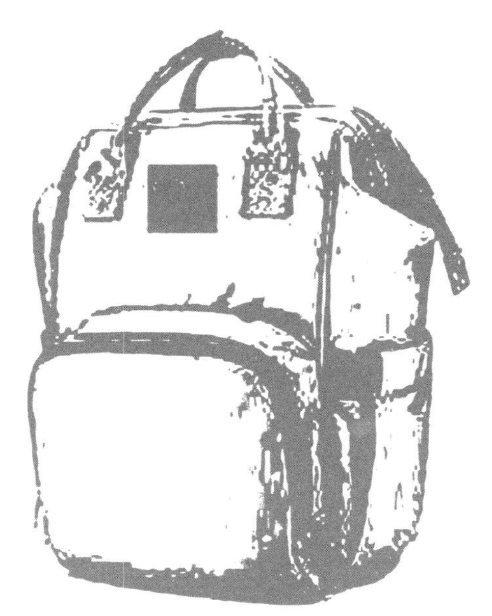

商标由来已久，以前的“字号”，现在常说的“牌子”，都是商标。其实，商标就是经营者用于标示其提供的商品或服务的来源，并以此与其他经营者提供的商品或服务相区别的标识。譬如以前的赵氏药店、王麻子剪刀等。这种标识已经具有商业价值。任何能够将自然人、法人或者其他组织的商品与他人的商品区别开的标志，包括文字、图形、字母、数字、三维标志、颜色组合和声音等，以及上述要素的组合，均可以作为商标申请注册。

需要明确的是，商标有使用商标与注册商标的区别。

使用商标：商业经营者使用一个标识将自己的产品或服务与他人的相区别。这种商标不需注册。

注册商标：商业经营者向相关授权机关（一般为各个国家的商标局）提出申请并获得授权的标识，一般会在商标右上角加“®”表明该商标已注册。相较于使用商标，注册商标因获得授权并公开而更具有法律效力。

因此，平时跨境电商平台投诉中所遇到的商标权，即为注册商标专用权的简称，指的是商标授权机关依法授予的，商标所有人对其注册商标享有受国家法律保护的排他使用权、收益权、处分权和禁止他人侵权的权利。

注册商标有以下几类。

1.平面商标

（1）文字商标，如图1-1所示。

NIKE

图1-1

（2）图形商标，如图1-2所示。

图1-2

(3)文字结合图形商标,如图1-3所示。

图1-3

2. 立体商标

立体商标如图1-4所示。

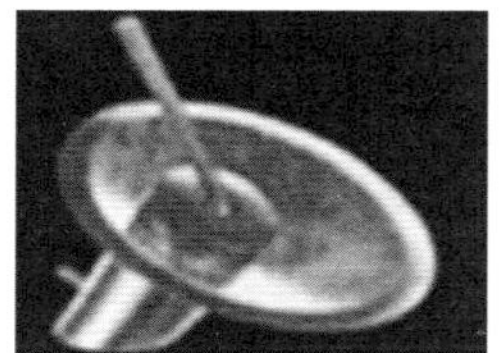

图1-4

案例1:产品描述含知名商标摊上事

【案例背景】

3C产品是计算机(Computer)、通信(Communication)和消费类电子产品(Consumer Electronics)的统称,亦称“信息家电”。3C产品一直是各大跨境电商平台的热销产品,正因如此,其知识产权投诉也一直居高不下,3C产品中容易被投诉的品牌主要为三星(Samsung)、苹果(Apple)、摩托罗拉(Motorola)。2015年8月,深圳一手机卖家在eBay平台上传品牌为“MIZO”的一款手机产品,其产品描述为“Camera Android smart phone NOTE3 NOTE4 Mobile phone”,上传的产品图片中未出现任何知名手机品牌商标(如图1-5所示)。由于该款手机外观时尚,价格合理,很快成了店铺爆品。然而,此时卖家突然发现该款手机产品被平台删除了,同时收到平台邮件,告知该产品由于在描述中使用了三星的商标词“NOTE4”而遭权利人投诉,被冻结账户。

图1-5

【法律分析】

商标标识的使用最重要的作用在于标示商品来源,避免相关消费者产生混淆误认。商品提供者在广告宣传或交易过程中使用商标标识,应秉承审慎的态度，尽量与他人的商标标识相区分。本案例中的商家在广告宣传中使用了三星公司的商标标识，容易使相关消费者误认为该手机与三星公司的"NOTE4"手机存在关联，如均来源于三星公司或由三星公司的关联公司所制造，或具有相类似的功能、品质，进而产生误购的可能，且不具备正当使用的合法抗辩事由，故判定其侵害了三星公司对"NOTE4"商标的专有使用权，构成商标侵权。

【法条链接】

《中华人民共和国商标法》(以下简称《商标法》)第四十八条 本法所称商标的使用，是指将商标用于商品、商品包装或者容器以及商品交易文书上，或者将商标用于广告宣传、展览以及其他商业活动中，用于识别商品来源的行为。

《商标法》第五十七条 有下列行为之一的，均属侵犯注册商标专用权：

(一)未经商标注册人的许可，在同一种商品上使用与其注册商标相同的商标的；

…………

《商标法》第五十九条 注册商标中含有的本商品的通用名称、图形、型号，或者直接表示商品的质量、主要原料、功能、用途、重量、数量及其他特点，或者含有的地名，注册商标专用权人无权禁止他人正当使用。

…………

【操作建议】

卖家应在产品描述中避免使用他人商标标识。若系描述商品本身客观属性，则语句应尽量清晰、明了，避免产生歧义。如销售手提电脑，为表明CPU的性能和品质，保障消费者的知情权，可以客观表述为：本电脑采用的CPU为英特尔公司生产或者本电脑系采用Intel处理器等。这样既可表明产品的配件来源及对应品质，也可避免消费者的混淆误认。同时，卖家应尽早打造自身的品牌，在商品主要销售地注册自有商标，走出踏实的创牌之路。

案例2:刷爆跨境圈的"指尖猴子"

【案例背景】

2017年,有一只猴子刷爆了跨境圈,那就是儿童玩具指尖猴子。据称已有1000多个跨境电商卖家因为售卖这种指尖猴子(如图1-6所示)而收到来自美国法院的临时禁令,贝宝(PayPal)、支付宝账号资金被冻结……原来指尖猴子的产品权利人是WowWee公司——一家专注前沿科技,自主研发,自主生产的机器人国际玩具企业。目前查询到其在中国、美国、欧盟均已对28个玩具类目申请了fingerlings商标。因此,任何卖家在描述中使用了WowWee或者fingerlings都会被其投诉。

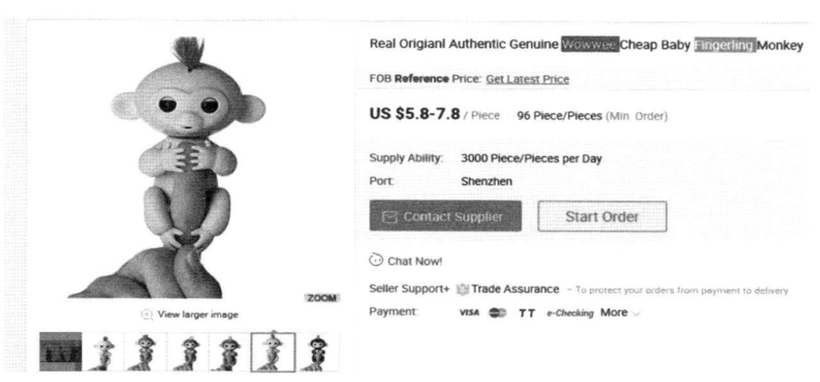

图1-6

【法律分析】

字号和商标作为两种重要的商业标识,都具备区分商品来源的作用,用于标示特定商品或服务的提供者,并可为特定的品质背书。本案例中,WowWee公司作为一家知名的国际玩具企业,其企业名称,特别是其中包含的字号在业内具有较高知名度,可明确指向产品的提供者。该公司同时已在全球主要市场申请注册了fingerlings商标,更是在商标与产品提供者之间建立了固定联系。若行为人未经许可,擅自使用上述字号或商标标示相同玩具产品，会使得相关消费者认为该产品源自WowWee公司或与之有特定关联，侵害了WowWee公司的商标权，并会构成不正当竞争。

【法条链接】

《商标法》第五十七条 有下列行为之一的，均属侵犯注册商标专用权：

（一）未经商标注册人的许可，在同一种商品上使用与其注册商标相同的商标的；

…………

《中华人民共和国反不正当竞争法》（以下简称《反不正当竞争法》）第六条 经营者不得实施下列混淆行为，引人误认为是他人商品或者与他人存在特定联系：

…………

（二）擅自使用他人有一定影响的企业名称（包括简称、字号等）、社会组织名称（包括简称等）、姓名（包括笔名、艺名、译名等）；

…………

【操作建议】

按照目前国际知识产权板块来看，WowWee公司不管是商标、专利还是版权部分，保护措施都做到了滴水不漏。此次风波中，卖家侵权是确凿无疑的。因此如果还有在卖的，建议大家马上下架；有库存的，建议线下找渠道分销，减少损失。对于中小卖家，也不建议找对方私下谈判和解，一方面不熟悉国外法律，另一方面缺乏跟律师谈判的技巧，很可能账号、资金都拿不回来。还是那句话，尽快建立自有品牌。

案例3:衣架上的香奈儿商标惹的祸

【案例背景】

在校大学生王同学一直利用1688采购批发网“一件代发”的货源在Wish平台上销售衣服。最近她发现上传的新产品一直通不过审核,研究了半天才发现,原来是其中一张产品细节图惹的祸(如图1-7所示),图中挂衣服的衣架上有香奈儿商标,于是赶紧撤了下来。

图1-7

【法律分析】

商标标识作为商标权利的核心载体,受到商标权人的重点保护。将商标用于商品、商品包装或者容器以及商品交易文书上,或者用于广告宣传、展览以及其他商业活动中,以识别商品来源的行为,都被视为商标的使用。本案例中,案主使用了含有香奈儿商标的衣架,虽然在服装上明确标示了其他商标,但是仍容易让相关公众误解为该服装源自香奈儿公司或与该奢侈品牌存在特定关联,其行为可被认定构成商标侵权,故该不当使用衣架的行为应受到制止。

【法条链接】

《商标法》第四十八条　本法所称商标的使用,是指将商标用于商品、商品包装或者容器以及商品交易文书上,或者将商标用于广告宣传、展览以及其他商业活动中,用于识别商品来源的行为。

《商标法》第五十七条　有下列行为之一的,均属侵犯注册商标专用权:

(一)未经商标注册人的许可,在同一种商品上使用与其注册商标相同的商标的;

…………

(三)销售侵犯注册商标专用权的商品的;

…………

【操作建议】

产品周边出现其他品牌LOGO的情况还是比较普遍的,比如案例中的衣架、首饰的包装盒、产品图片的底色等,这些LOGO虽然没有直接出现在产品上,但是一旦被发现同样会被视作侵权,因此卖家在拍摄、上传图片时务必做好自查,切不可因小失大。

案例4:模糊了品牌商标照样摊上事

【案例背景】

某儿童服装跨境卖家某一天突然发现自己的账号被暂停了,原来有一款仿阿迪达斯(ADIDAS)的儿童运动装出问题了。该服装其实是仿阿迪达斯的,卖家为了防止被投诉,在图片上将商标模糊处理了(如图1-8所示),以为这样就没事了,结果照样摊上了事。

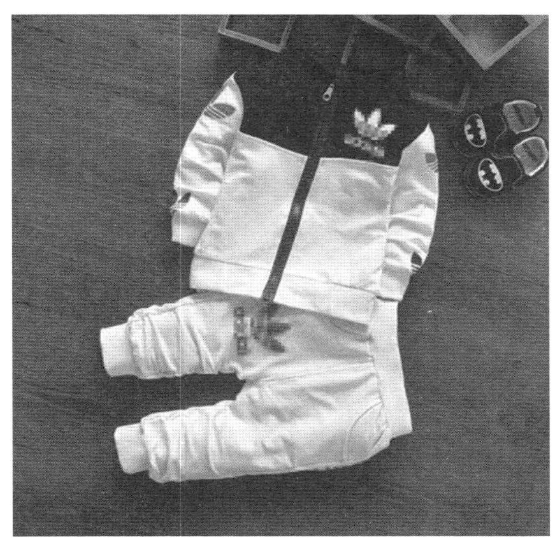

图1-8

【法律分析】

商标可用于标示商品的提供者,能代表特定产品的品质、设计美感,甚至能体现相应的生活态度和价值选择,商标的使用具有排他性的垄断利益。特别是知名商标蕴含较高的经济价值,更是受到法律的严格保护。本案例中,服装上明确使用了阿迪达斯的标识,属于典型的商标侵权形态,应给予明确的否定性评价。即使销售页面中侵权标识通过图片处理完全不可分辨,但对此实物的售卖仍然毫无疑义地构成商标侵权。

【法条链接】

《商标法》第四十八条 本法所称商标的使用,是指将商标用于商品、商品包装或者容器以及商品交易文书上,或者将商标用于广告宣传、展览以及其他商业活动中,用于识别商品来源的行为。

《商标法》第五十七条 有下列行为之一的,均属侵犯注册商标专用权:

(一)未经商标注册人的许可,在同一种商品上使用与其注册商标相同的商标的;

…………

(三)销售侵犯注册商标专用权的商品的;

…………

【操作建议】

现在各个电商平台都严格保护知识产权,以图像处理、模糊、遮挡品牌等形式对商品信息进行特殊处理都可能被判为仿品,比如本案例中的产品采用了商标模糊处理,但侵权行为是客观存在的。因此,卖家在上传图片时务必避免出现这类情况,否则得不偿失。

案例5:变形词的风波

【案例背景】

喜来乐服饰有限公司成立于2006年11月,公司的前身是广东省中山市小榄镇众达制衣厂,公司总部设在中国著名的内衣裤生产基地——广东省中山市小榄镇,在浙江省义乌市国际商贸城设有销售部,主要从事内衣裤系列产品的生产运营工作。近期公司在某电商平台上传的内衣也踩了知识产权的雷区。原来作为公司新产品的内衣上出现的文字“Cclvn Klein”(如图1-9所示)涉嫌侵犯美国知名内衣品牌“Calvin Klein”的权利。

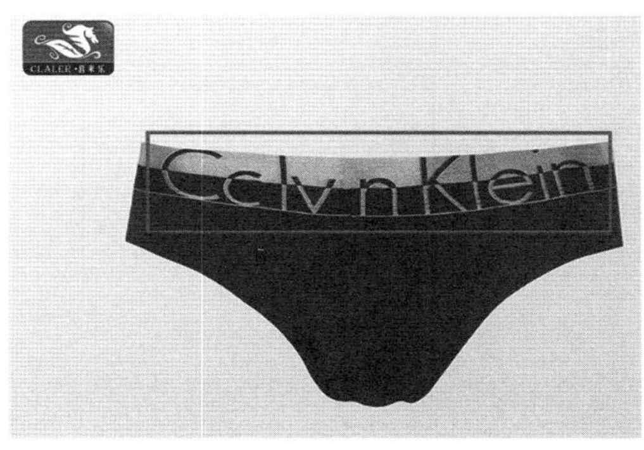

图1-9

【法律分析】

注册商标专用权既包括专用权,也包括禁用权,行为人若未经商标注册人的许可,在同一种商品上使用与其注册商标近似的商标,容易导致混淆的,属于商标侵权行为,商标权人有权通过法律途径对该行为予以禁止。而商标近似与否的认定,可以从音形义等方面加以综合判断。本案例中,该公司内衣上使用的文字“Cclvn Klein”与权利商标“Calvin Klein”发音相近,前半部分组成字母较为相似,后半部分则完全相同,形态上极为接近;两者在整体上足以认定构成混淆性近似,该公司的上述行为已构成商标侵权。

【法条链接】

《商标法》第五十七条 有下列行为之一的，均属侵犯注册商标专用权：

…………

（二）未经商标注册人的许可，在同一种商品上使用与其注册商标近似的商标，或者在类似商品上使用与其注册商标相同或者近似的商标，容易导致混淆的；

（三）销售侵犯注册商标专用权的商品的；

…………

【操作建议】

目前，各电商平台都陆续出台了规定，如果所发布的商品信息或所使用的其他信息造成用户的混淆或误认，也会被平台判定为侵权。比如以图像处理、遮盖等方式对商品进行特殊处理，或者将商标文字或图形变形后进行描述或使用。本案例中的情况就属于后者，“Cclvn Klein”虽然已经过变形处理，还是可能与原商标“Calvin Klein”构成近似，会误导买家，因此构成了侵权。

案例6:时尚古驰一直很忙

【案例背景】

国际奢侈品品牌古驰(GUCCI)是古驰欧·古驰(Guccio Gucci)于1921年创立的。古驰除时装外,也经营皮包、皮鞋、手表、家饰品、宠物用品、丝巾、领带、皮带、香水等。该品牌包含多个商标,包括但不限于如图1-10所示的这些商标。

图1-10

侵权案例:在速卖通平台上出现了大量在产品外观上、产品标题中、属性描述中出现古驰商标的情况(如图1-11、图1-12所示)。

图1-11

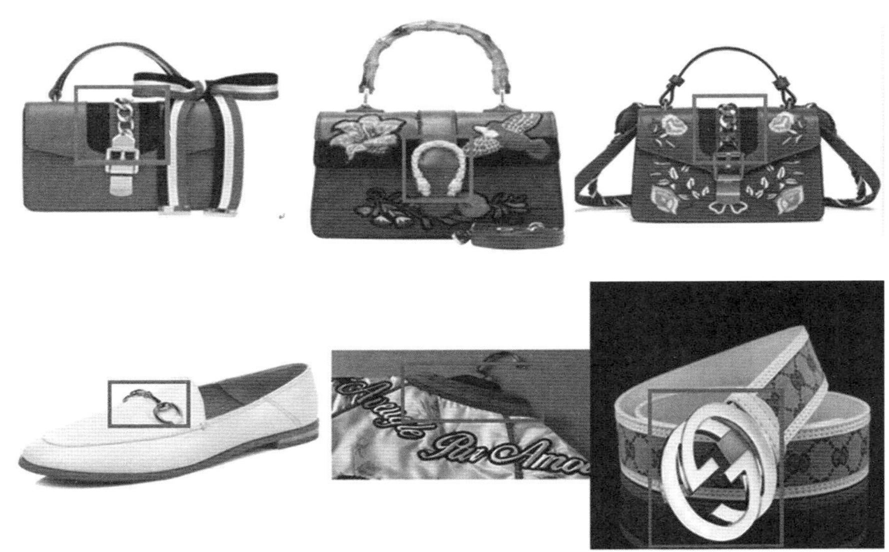

图 1–12

图 1–11、图 1–12 中实线方框所圈部分均构成商标侵权，古驰也一直在忙着维权。

【法律分析】

未经商标注册人的许可，在相同或类似商品上使用与其注册商标相同或近似的商标，容易导致混淆的，都构成商标侵权。权利商标的保护强度，则与该商标的显著性和知名度呈正比。本案例中，古驰品牌项下的系列商标在时尚界均具有较高知名度，应给予较高强度的保护。上述形态中均使用了与系列权利商标相同或近似的标识，极易引起相关公众的混淆误认，构成商标侵权。

【法条链接】

《商标法》第四十八条　本法所称商标的使用，是指将商标用于商品、商品包装或者容器以及商品交易文书上，或者将商标用于广告宣传、展览以及其他商业活动中，用于识别商品来源的行为。

《商标法》第五十七条　有下列行为之一的，均属侵犯注册商标专用权：

（一）未经商标注册人的许可，在同一种商品上使用与其注册商标相同的商标的；

（二）未经商标注册人的许可，在同一种商品上使用与其注册商标近似的商标，或者在类似商品上使用与其注册商标相同或者相似的商标，容易导致混淆的；

（三）销售侵犯注册商标专用权的商品的；

…………

【操作建议】

作为跨境电商平台的卖家，应该熟悉了解行业相关商标品牌信息，未经权利人授权不得使用他人商标。某些知名品牌一般会注册多个系列商标，经营类似产品的卖家需要多加注意，而一些电商平台也会不定期公布知识产权侵权量较大的品牌来提醒卖家，方便卖家对产品信息进行自查，如有产品未经过授权，需要立刻删除或修改产品。

案例7:日默瓦的立体商标是啥

【案例背景】

日默瓦(RIMOWA)是全球领先的优质旅行箱品牌,旗下旅行箱均使用铝镁合金和高科技材料聚碳酸酯制作,并且是少数仍然在德国进行制作的旅行箱企业之一。或许可以说,日默瓦是唯一拥有超过118年的长久历史,而且优良传统源远流长的旅行箱企业,在业界地位较高。无论是传统的铝镁合金行李箱还是使用高科技材料聚碳酸酯制作的行李箱,日默瓦的沟槽式设计都令其独具一格。创新的生产方式和严格的质量要求是日默瓦成为欧洲领先的行李箱制造商的主要因素。该商标为立体商标,如图1-13所示。

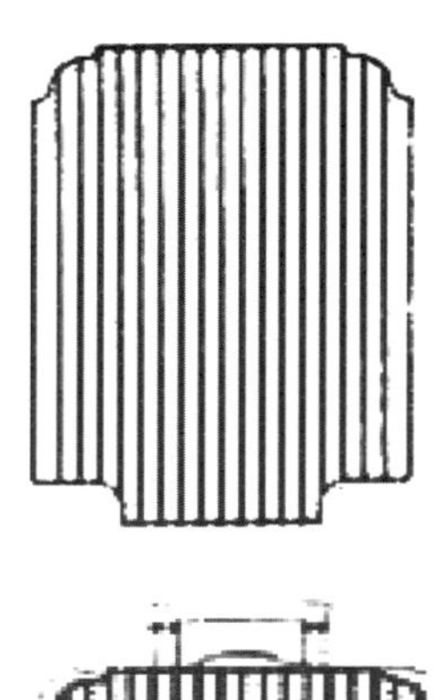

图1-13

跨境电商平台侵权案例:使用该沟槽式设计的行李箱均侵权。如图1-14所示。

图1-14

【法律分析】

立体商标是指由三维标志或含有其他标志的三维标志构成的商标，是一种比较特殊的商标类型，在日常经营过程中数量较少，系区分商品来源的较为独特的商标标识。立体商标的近似判断应当包括三维标志显著，三维标志不显著但其他标志显著两种情形。如果两个商标中具有显著特征的三维标志相同或近似，或者具有显著特征的三维标志和其他标志相同或近似，易使相关公众对商品或者服务的来源产生误认的，可以认定为相同或者近似商标。如果两个商标中不具有显著特征的三维标志相同或近似，但是具有显著特征的其他标志区别明显，不会使相关公众对商品或者服务的来源产生误认的，那么不能认定为相同或者近似商标。在进行立体商标的近似性判断时，应当进行整体比较，并重点关注三维标志本身是否具备显著性或者具备一定的显著性，并以此来判断被控侵权标识与立体商标是否构成相同或近似。

【法条链接】

《商标法》第八条 任何能够将自然人、法人或者其他组织的商品与他人的商品区别开的标志，包括文字、图形、字母、数字、三维标志、颜色组合和声音等，以及上述要素的组合，均可以作为商标申请注册。

《商标法》第五十七条 有下列行为之一的，均属侵犯注册商标专用权：

(一)未经商标注册人的许可，在同一种商品上使用与其注册商标相同的商标的；

…………

(三)销售侵犯注册商标专用权的商品的；

…………

【操作建议】

立体商标由于没有明显的平面标识，往往是商家容易忽略的踩雷区。所以作为卖家，在关注业内知名品牌的同时也要加强法律知识学习，尽到充分注意义务，防止无意识侵权。不过，千防万防不如自己掌握主动权，要想彻底远离侵权风险，最好的办法还是注册商标，做好知识产权布局。只有销售自有品牌，才最稳妥！

案例8:穿上“马甲”也跑不掉

【案例背景】

乐高(LEGO)积木是儿童喜爱的玩具。这种塑胶积木一头有凸粒,另一头有可嵌入凸粒的孔,形状有1300多种,每一种形状都有12种不同的颜色,以红、黄、蓝、白、绿为主。小朋友自己动脑动手,可以将它拼插出变化无穷的造型,令人爱不释手,它被称为“魔术塑料积木”。乐高公司创办于丹麦,至今已有88年的发展历史,追本溯源,还得从它的金字招牌LEGO说起。商标“LEGO”的使用是从1932年开始的,其语来自丹麦语“LEg GOdt”,意为玩得快乐,并且该名字首先迅速成为乐高公司在比隆地区的玩具工厂生产的优质玩具的代名词。多年来,“LEGO”图标也发生了多种变化,最新的图标于1998年制作,是在1973年的版本基础上稍做调整而成,更便于在媒体上传播和识别。而“Minifigure design”,通常也被称作“Minifig”,是乐高玩具中的一个人物系列。该商标属于立体商标,如图1–15所示。

图1–15

速卖通平台涉嫌侵权案例:如图1–16所示玩偶的帽子、衣服、武器等装饰物均是可拆卸的,拆卸完后,即为乐高商标中的形象。因此,图1–16中的产品构成侵权,穿了“马甲”也不管用。

图 1–16

【法律分析】

乐高的立体商标系由三维标志构成，该标志经由乐高公司长期使用，具有较强的显著性。本案中，被诉侵权商标在卸下层层“马甲”之后，与乐高公司的立体商标相同，且使用在同一种类的商品上，容易导致相关消费者对商品来源产生混淆，因此构成侵犯乐高公司商标权的行为。

【法条链接】

《商标法》第八条 任何能够将自然人、法人或者其他组织的商品与他人的商品区别开的标志，包括文字、图形、字母、数字、三维标志、颜色组合和声音等，以及上述要素的组合，均可以作为商标申请注册。

《商标法》第五十七条 有下列行为之一的，均属侵犯注册商标专用权：

（一）未经商标注册人的许可，在同一种商品上使用与其注册商标相同的商标的；

…………

（三）销售侵犯注册商标专用权的商品的；

…………

【操作建议】

每年旺季来临，亚马逊公司大面积查岗也是非常正常的事情，不仅仅是乐高玩具，还有很多产品可能已经拥有商标或专利但是你并不知道，所以在选品的时候，检查产品是否存在侵权还是很重要的。公仔、比基尼、玩具、面具、婚纱等，大多辨识度不够高，容易造成侵权，所以卖家在开发这些产品的时候应对生产商的生产资质进行严格审核，避免造成侵权。

案例9：世界杯的热度不是随便就能蹭的

【案例背景】

2018年世界杯期间，速卖通平台收到了来自国际足联关于世界杯相关商品侵权提醒的公告，随即也发公告来专门提醒卖家。公告内容如下。

各位卖家朋友：

2018年世界杯将近，介于平台已收到FIFA（国际足球联合会）和Roskomnadzor（俄联邦电信、信息技术和大众传媒监督局）通知，要求平台卖家遵守法律法规、禁止侵权，平台特此公告，提醒卖家不得在产品标题、描述中不经官方授权使用FIFA注册商标或著作进行引流。以下关键词属于FIFA注册商标或著作，未经授权使用属于侵权行为。为避免被权利人投诉及平台处罚，请卖家即日起对产品信息（包括在线或下架商品的图片、标题、详情描述）进行自查自纠，对侵权或不当使用的关键词、图片进行修改或删除。平台保留依照平台规则进行相关处罚的权利。

关键词包括但不限于：

英文：

Fifa, Fifa 2018, World cup, World cup 2t018, Russia 2018, National team, Fifa world cup russia 2018, Fifa world cup, Zabivaka

俄文：

забивака, чемпионат мира по футболу, чемпионат мира по футболу FIFA 2018 в россии, Чм2018

如图1-17所示，未经授权在平台上传任何有2018年世界杯相关字样、图片的产品都算侵权，看来，今后想蹭世界杯的热度打造爆款的计划要落空了。

图1-17

【法律分析】

世界杯受关注度较高，涉及世界杯的专有名词，如世界杯的名称、会徽、吉祥物、大力神杯及赞助商标识、赞助品等，因与世界杯紧密相连而蕴含了极高的经济价值，其文字和形象均受到法律的保护，仅国际足联拥有版权和商标权。未经国际足联或其许可方授权，擅自使用相关标识，就可能构成对国际足联所享有的商标权或著作权的侵害，需要承担相应的侵权责任。

【法条链接】

《中华人民共和国著作权法》(以下简称《著作权法》)第三条 本法所称的作品，包括以下列形式创作的文学、艺术和自然科学、社会科学、工程技术等作品：

…………

(四)美术、建筑作品；

…………

《著作权法》第四十七条[①] 有下列侵权行为的，应当根据情况，承担停止侵害、消除影响、赔礼道歉、赔偿损失等民事责任：

…………

(七)使用他人作品，应当支付报酬而未支付的；

…………

《商标法》第八条 任何能够将自然人、法人或者其他组织的商品与他人的商品区别开的标志，包括文字、图形、字母、数字、三维标志、颜色组合和声音等，以及上述要素的组合，均可以作为商标申请注册。

《商标法》第五十七条 有下列行为之一的，均属侵犯注册商标专用权：

…………

(三)销售侵犯注册商标专用权的商品的；

…………

① 在2021年6月1日起施行的《著作权法》中，对应法条为第五十二条。

【操作建议】

虽然世界性体育赛事给市场带来了巨大商机，但是背后也隐藏着巨大隐患，不能盲目准备产品，要提前做好万全准备，避免侵权危险和经济损失。比如采购的时候咨询厂家是否有专利，是否有正规授权。不过国内有专利不代表在国外行得通，所以要事前问清楚。另外，不得随意使用会徽、吉祥物等，以及使用吉祥物的形象和印有吉祥物的服饰，这些基本都会被注册为商标，而且全类目基本都涵盖。当然，卖家可以登录海关总署等官方网站，在线查询有关的标识是否有商标注册及海关备案，或者在海关知识产权保护系统中进行线上查询。

案例10:××品牌风格不能再用啦

【案例背景】

宜家(IKEA)是瑞典家具卖场,是一家跨国性的私有居家用品零售企业。宜家家居在全球多个国家拥有分店,主要贩售平整式包装的家具、配件、浴室和厨房用品等商品。宜家家居是以平实价格销售自行组装家具的先锋,目前是全世界最大的家具零售企业。宜家的知名度使得很多卖家想尽办法打着擦边球"蹭热度",比如售卖非宜家产品,但是以"宜家风格"(Ikea style)描述产品,见图1-18。

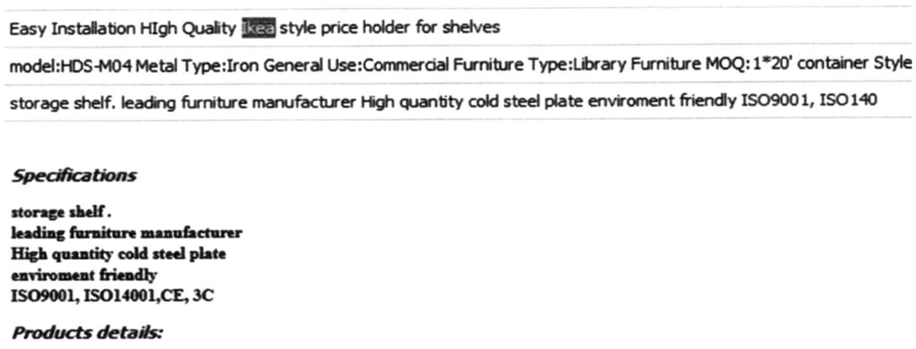

Easy Installation HIgh Quality Ikea style price holder for shelves

model:HDS-M04 Metal Type:Iron General Use:Commercial Furniture Type:Library Furniture MOQ:1*20' container Style

storage shelf. leading furniture manufacturer High quantity cold steel plate enviroment friendly ISO9001, ISO140

Specifications

storage shelf.
leading furniture manufacturer
High quantity cold steel plate
enviroment friendly
ISO9001, ISO14001,CE, 3C

Products details:

图1-18

【法律分析】

商标的功能在于区分商品或者服务的来源,在同类商品上使用与其商标相同的商标,引发消费者误认的,构成商标侵权。本案中,卖家在非宜家产品的描述信息中,使用"宜家风格"这一类描述,这种强行打擦边球的行为容易引发消费者的混淆,让他们误以为涉案产品与宜家之间存在特定的联系,故而构成了侵犯商标权。另外,这种打擦边球的行为,也可能构成不正当竞争,原因在于卖家擅自在产品描述中使用了宜家的字号。

【法条链接】

《商标法》第五十七条　有下列行为之一的，均属侵犯注册商标专用权：

（一）未经商标注册人的许可，在同一种商品上使用与其注册商标相同的商标的；

…………

《反不正当竞争法》第六条　经营者不得实施下列混淆行为，引人误认为是他人商品或者与他人存在特定联系：

（一）擅自使用与他人有一定影响的商品名称、包装、装潢等相同或者近似的标识；

（二）擅自使用他人有一定影响的企业名称（包括简称、字号等）、社会组织名称（包括简称等）、姓名（包括笔名、艺名、译名等）；

…………

【操作建议】

建议各位卖家在上传产品信息时尽量避免打这样的擦边球。另外，商品信息中哪怕标明自有品牌，但产品信息中出现XX品牌风格、质比XX品牌形式，同样属于不当使用他人商标，被投诉的产品信息会被删除，卖家自身还要因为违规被平台扣分。

案例11:防不胜防的牛仔裤侵权投诉

【案例背景】

跨境电商平台上的卖家小李某一天突然发现自己的账号被暂停了,很是纳闷:最近上传的产品都很小心了,标题、描述等都没有涉及品牌侵权,为什么还会被封号呢?他仔细研究后才发现是上传的牛仔裤图片出问题了,涉及侵犯李维斯(Levi's)商标权。

李维斯是著名的牛仔裤品牌,由商人李维·斯特劳斯(Levi Strauss)创立。1853年,李维·斯特劳斯成立了生产帆布工装裤的Levi Strauss & Co.公司。该品牌包含多个商标,包括但不限于以下范围(如图1-19所示)。

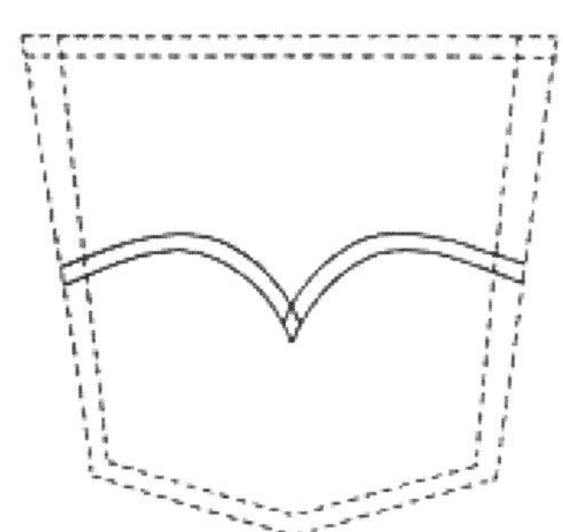

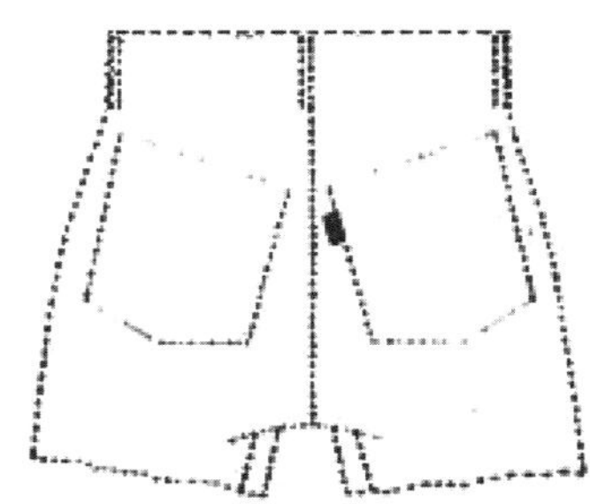

图1-19

侵权案例:在产品图片中出现商标的情况,如图1-20所示。

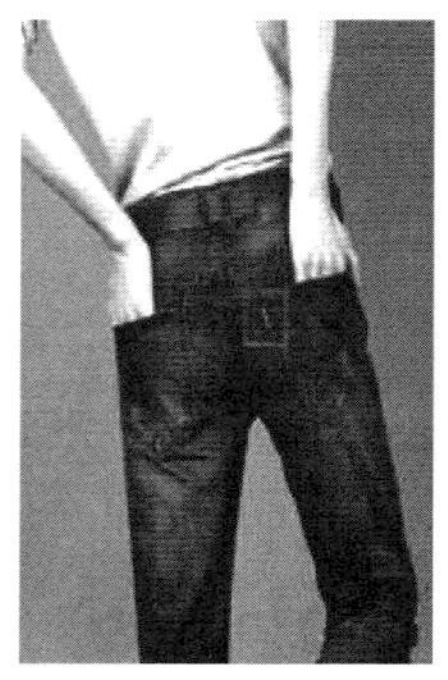

图1-20

判定卖家小李的图片侵权正是由于裤兜上那一抹红色（见实线方框所围部分），真是防不胜防啊！

【法律分析】

根据《商标法》第八条的规定，图形、颜色组合也可以作为商标注册。本案中，李维斯的“小红标”（见图1-19）经过长期使用，获得了较大的辨识度，相关公众可以根据该商标，即这一抹红色来区分李维斯的牛仔裤和其他牛仔裤，该商标经由李维斯公司注册，享有注册商标专用权。因此卖家小李的图片中出现带有这一抹红色的牛仔裤，构成侵犯李维斯商标权的行为。

【法条链接】

《商标法》第八条 任何能够将自然人、法人或者其他组织的商品与他人的商品区别开的标志，包括文字、图形、字母、数字、三维标志、颜色组合和声音等，以及上述要素的组合，均可以作为商标申请注册。

《商标法》第五十七条 有下列行为之一的，均属侵犯注册商标专用权：

（一）未经商标注册人的许可，在同一种商品上使用与其注册商标相同的商标的；

（二）未经商标注册人的许可，在同一种商品上使用与其注册商标近似的商标，或者在类似商品上使用与其注册商标相同或者近似的商标，容易导致混淆的；

（三）销售侵犯注册商标专用权的商品的；

…………

【操作建议】

作为牛仔裤“鼻祖”的李维斯应该是无人不晓了吧，该品牌最经典的“撞钉”“红旗”“弧形车花”“双马”标志早已声名远播，并成为注册商标。而除了这些常见的字体和图案之外，牛仔裤后面口袋处的小红标也已被注册为商标。对于不了解该品牌的卖家来说，确实防不胜防，各大跨境卖家在选品的时候务必对行业内知名品牌的系列商标进行深入了解。知己知彼，百战不殆。

案例12：飞利浦品牌打假

【案例背景】

飞利浦电子(PHILIPS)是世界上最大的电子品牌之一，在欧洲知名度很高。在彩色电视、照明、电动剃须刀、医疗诊断影像和病人监护仪器，以及单芯片电视产品等领域处于世界领先地位。飞利浦旗下主要产品有：手机、平板电脑、照明用具等。飞利浦公司未生产过名为“飞利浦LED芯片”“飞利浦LED”“飞利浦芯片”“飞利浦3030”“飞利浦5050”“飞利浦UFO”等的一系列产品。目前权利人飞利浦授权代理在阿里巴巴国际站上的投诉一直居高不下，下面是两个常见的飞利浦商标侵权案例。

(1)将飞利浦商标使用在权利人未生产的部件或配件上，如图1-21所示。

3 GUARANTEE YEARS
Driverless
AC Linear solution
PHILIPS
LUMILEDS
CE
IP65
200W ONLY $69
120lm/w

StarLED IP65 CE industrial led high bay light
Lamp Luminous Flux(lm):18000 Color Temperature(CCT):Other LED Driver:DOB Keyword:Driverless ufo High bay light Light Source:LED LED Chip:SMD3030 LED Light Source:AC LED MODULE Philips chip CRI (Ra>):80 Lamp F
Product Category

图1-21

(2)出售未经授权的飞利浦品牌产品,如图1–22所示。

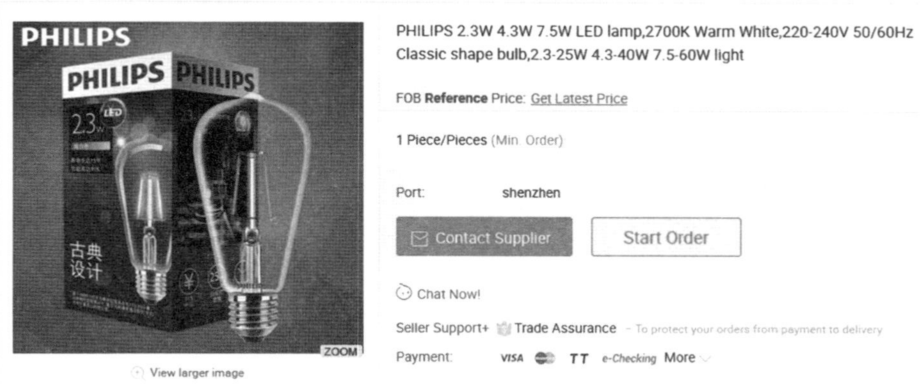

图1–22

【法律分析】

未经他人许可,将他人的注册商标使用在相同或类似的商品上,是一种典型的商标侵权行为。这里提到的两个案例中,第一个案例中的卖家将飞利浦的商标“PHILIPS”使用在与飞利浦公司主营产品有关,但飞利浦公司未生产过的配件上,极容易引发相关公众的混淆,误以为该产品与飞利浦公司存在联系;第二个案例中的卖家把商标使用在未经授权的灯泡产品上,也会造成混淆的结果。因此,上述行为都侵犯了飞利浦公司的商标权。

【法条链接】

《商标法》第五十七条 有下列行为之一的,均属侵犯注册商标专用权:

(一)未经商标注册人的许可,在同一种商品上使用与其注册商标相同的商标的;

(二)未经商标注册人的许可,在同一种商品上使用与其注册商标近似的商标,或者在类似商品上使用与其注册商标相同或者近似的商标,容易导致混淆的;

(三)销售侵犯注册商标专用权的商品的;

…………

【操作建议】

如果有卖家为了说明售卖的非飞利浦品牌部件是适用于飞利浦整件产品的，可以用for、with等介词来表明，这属于合理描述，如图1-23所示。

Product Description

D1S 4300K light xenon hid bulb for philips

OE NO.	D1S 4300K
Car model	for car
Character	1.competitive price 2.high quality 3.fast delivery
MOQ	1PC Trial order accepted
Payment term	T/T, Western Union or Money Gram
Supply ability	Large quantities stock
Price terms	EXW

图1-23

案例13:亚马逊公司的“谜之微笑”

【案例背景】

近来图片侵权最大的风波就是亚马逊公司的笑脸标志侵权案。不少卖家收到亚马逊公司的邮件,称“产品图片涉及侵犯亚马逊的知识产权,有关的产品已经直接被下架了”！原来,是因为黄色微笑箭头侵犯了亚马逊公司的商标权,如图1-24所示。

图1-24

亚马逊的商标如图1-25所示,笑脸箭头是它的一个标志,在全球范围内都广为人知。卖家在销售批量产品的时候,如果图片上出现了这个微笑箭头就是侵犯了亚马逊的知识产权。

图1-25

亚马逊的商标极其简洁，初看像是一个笑脸，其实是一个从“a”指到“z”的箭头，代表着亚马逊销售从“a”到“z”的所有商品和顾客购买后露出的笑脸。

【法律分析】

商标近似的判断，既要整体比对，又要关注其中具有显著性的部分。亚马逊商标中的黄色笑脸箭头经过亚马逊公司的长期使用，在全球范围内都广为人知，获得了极高的显著性。在亚马逊的整体商标中，除了“amazon.com”的文字以外，黄色笑脸箭头是重要的组成部分。本案中，卖家在自己的标识中使用与亚马逊公司相同的黄色笑脸箭头，尽管文字部分不同，但也可能导致相关公众的混淆，该行为侵犯了亚马逊公司的商标权。

【法条链接】

《商标法》第四十八条 本法所称商标的使用，是指将商标用于商品、商品包装或者容器以及商品交易文书上，或者将商标用于广告宣传、展览以及其他商业活动中，用于识别商品来源的行为。

《商标法》第五十七条 有下列行为之一的，均属侵犯注册商标专用权：

（一）未经商标注册人的许可，在同一种商品上使用与其注册商标相同的商标的；

（二）未经商标注册人的许可，在同一种商品上使用与其注册商标近似的商标，或者在类似商品上使用与其注册商标相同或者近似的商标，容易导致混淆的；

（三）销售侵犯注册商标专用权的商品的；

…………

【操作建议】

对于图片侵权，首先建议卖家提前避免，如果你不知道什么图片会侵权一线大牌，可以在平时积累一些大牌已经申请商标品牌保护的资料。其次，产品图片来源也要追踪，很多卖家是从1688采购批发网拿的货，产品图片都源自厂家给的数据包，如果产品图片不是厂家自己拍摄的，那就可能存在侵权的问题，这就需要提前确认，产品图片上不能有其他品牌的标识、水印等。最后，有能力的话最好自己拍图。

案例14:小心被“钓鱼执法”

【案例背景】

现在国外有一批律师事务所专门从事“钓鱼执法”工作,它们会把一些产品属性说明词注册商标,然后对使用这些说明词的卖家进行投诉。比如vestido de festa(衣服)、frisbee(飞盘)、anchor bracelet(船锚手链)等都已经被抢注成商标,而最近竟然连egglettes(煮蛋器)也已经被注册成了商标,如图1-26所示。

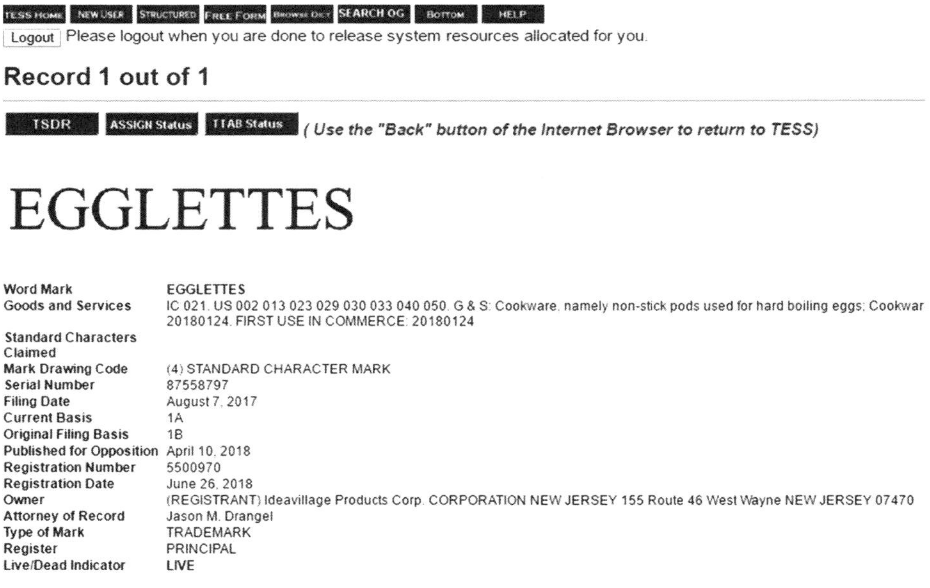

TESS HOME | NEW USER | STRUCTURED | FREE FORM | BROWSE DICT | SEARCH OG | BOTTOM | HELP

Logout Please logout when you are done to release system resources allocated for you.

Record 1 out of 1

TSDR | ASSIGN Status | TTAB Status | *(Use the "Back" button of the Internet Browser to return to TESS)*

EGGLETTES

Word Mark	EGGLETTES
Goods and Services	IC 021. US 002 013 023 029 030 033 040 050. G & S: Cookware, namely non-stick pods used for hard boiling eggs; Cookwar 20180124. FIRST USE IN COMMERCE: 20180124
Standard Characters Claimed	
Mark Drawing Code	(4) STANDARD CHARACTER MARK
Serial Number	87558797
Filing Date	August 7, 2017
Current Basis	1A
Original Filing Basis	1B
Published for Opposition	April 10, 2018
Registration Number	5500970
Registration Date	June 26, 2018
Owner	(REGISTRANT) Ideavillage Products Corp. CORPORATION NEW JERSEY 155 Route 46 West Wayne NEW JERSEY 07470
Attorney of Record	Jason M. Drangel
Type of Mark	TRADEMARK
Register	PRINCIPAL
Live/Dead Indicator	LIVE

图1-26

近日,有阿里巴巴国际站卖家爆料称:两位“买家”前后询问他店铺中的煮蛋器,并且一反常态多次索要形式发票(PI)、公司邮箱及地址,疑遭“钓鱼执法”。见图1-27。

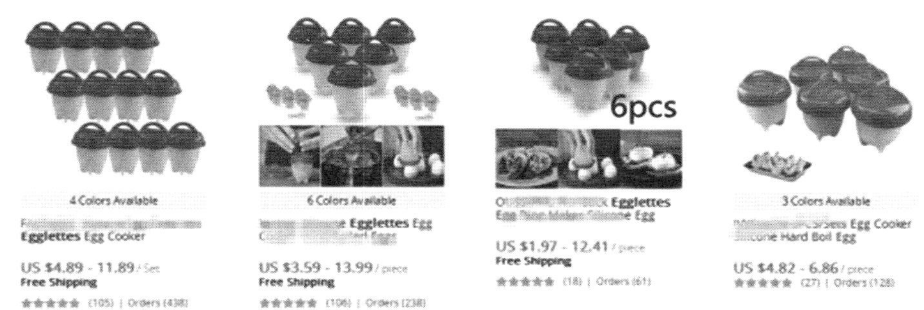

图 1–27

【法律分析】

商品的通用名称一般不允许被注册成商标。虽然在各个国家,商标立法各有差异,但是商标的显著性原则是贯穿不变的。商标要能起到区分商品或服务来源的功能,而商品的通用名称、图形、型号,以及表示商品的质量、主要原料、功能、用途、重量、数量及其他特点的标识因为缺乏显著性,不应被注册为商标。本案中,vestido de festa(衣服)、frisbee(飞盘)、anchor bracelet(船锚手链)、egglettes(煮蛋器)等都属于商品的通用名称,缺乏显著性,极有可能被判无效。

【法条链接】

《商标法》第十一条 下列标志不得作为商标注册:

(一)仅有本商品的通用名称、图形、型号的;

(二)仅直接表示商品的质量、主要原料、功能、用途、重量、数量及其他特点的;

(三)其他缺乏显著特征的。

【操作建议】

vestido de festa(衣服)、frisbee(飞盘)、anchor bracelet(船锚手链)等产品属性说明词被专利流氓注册成商标后,跨境电商卖家的现状愈加堪忧。现在的侵权方式五花八门,"钓鱼执法"的这种模式也已经成为很多国外执法机构盈利的产业链了，很多时候卖家甚至根本就不知道这个产品会构成侵权。卖家只有警惕性够强，才可能有效规避。所以跨境卖家在面对“买家”多次不合常理的要求后，要多留个心眼。比如碰上买家在获取形式发票信息后又一再询问付款方式和收货地址，就需要警惕，这是一般买家不会在意的细节，买家更多时候关心的是产品的价格、质量和物流时效，且有时多个看似毫无关联的“买家”留的个人信息地址可能是相同的，这时卖家就极有可能遭到相关机构的“钓鱼执法”。

案例15:原始设备制造商代工与品牌授权的误区

【案例背景】

阿里巴巴平台上很多卖家都是原始设备制造商(OEM),都有代工经验,曾经为不少国际大牌代工定制产品,尤其是礼品、工艺品,均受到国外卖家青睐,但近期这些卖家还是遇到侵权投诉的苦恼,让我们一起来解读"OEM"到底是什么(如图1-28所示)。

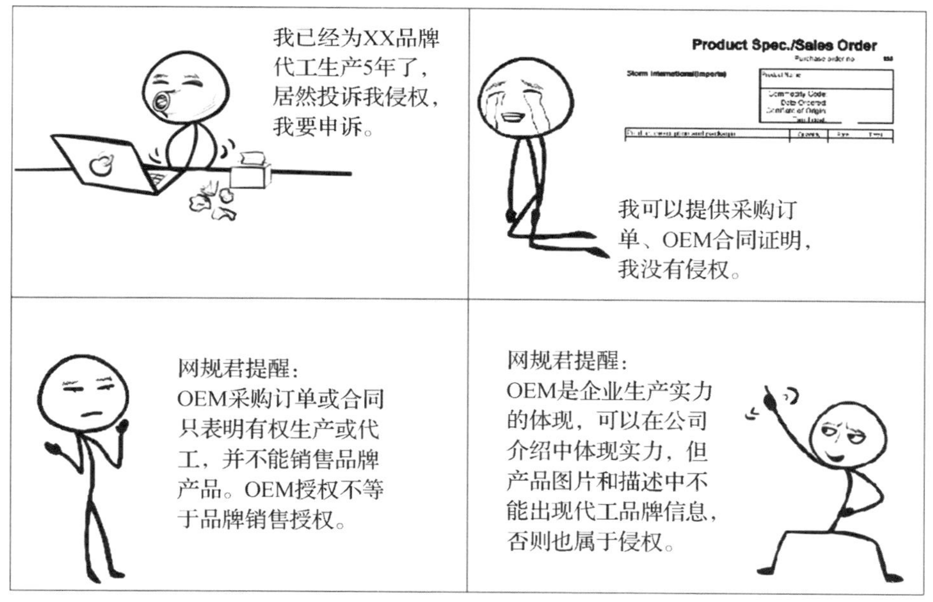

图1-28

OEM,又叫定牌生产或贴牌生产,具体来说,即A方看中B方的产品,让B方生产,用A方的商标。这种代工协议只是授权生产加工,品牌的使用权和销售权仍属于品牌商,工厂自行销售带有品牌商标的产品也属于知识产权侵权行为。比如图1-29中的奔驰侵权案例。

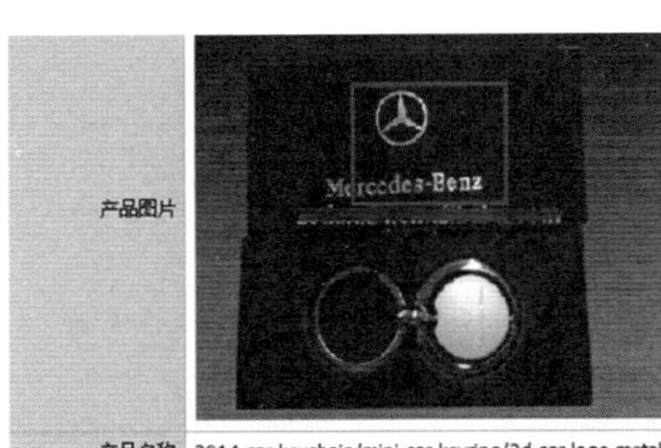

产品名称	2014 car keychain/mini car keyring/3d car logo metal key holder
产品属性	Model Number:TXA2-110 Place of Origin:CN;GUA Type:car shape keychain Material:zinc alloy Brand Name:Tianxin Finished:soft enamel Usage:Promotion

图 1–29

案例说明：该产品是汽车钥匙扣，可以用于各种品牌的汽车，并非奔驰品牌的原装产品，所以产品图片和描述中都不能出现奔驰品牌或商标，该产品信息属于侵犯他人知识产权。

【法律分析】

未经品牌方，即商标权利人授权，擅自销售带有他人注册商标商品的，构成商标侵权。在 OEM 生产模式中，加工方往往只得到了生产加工的授权，而没有销售产品的授权。因此，如果加工方自行销售生产出来的产品，则侵犯了委托方的商标权。

【法条链接】

《商标法》第五十七条　有下列行为之一的，均属侵犯注册商标专用权：

…………

（三）销售侵犯注册商标专用权的商品的；

…………

【操作建议】

OEM 的受托方，要严格遵照合同约定的数量生产，不得私自超量生产并擅自销售。同时，也要学会保护自己，应仔细审查委托方的商标权和产品的设计方案是否有合法来源，确保不侵犯第三方的权益。此外，应与委托方就可能产生的侵权责任的承担问题在委托生产合同中做明确的约定，避免不必要的损失。

第二章　专利之殇

什么是专利权呢?

通俗地讲,专利权是一种财产权,是专利权的拥有者运用法律保护手段"跑马圈地",独占现有市场、抢占潜在市场的有力武器。但这种独占只能是特定时间内的独占,专利权是有期限的,当期限届满或专利权中途丧失,其他任何人都可无偿使用该专利技术;其抢占也是具有条件的,只有满足专利条件,向相关机构(一般为各个国家专利授权机关)申请并获得授权后,才能拥有专利权。

一般而言,专利权分为以下三种类型。

1. 发明专利权

在专利里只有发明专利经过实质审查,技术含量最高,发明人所花费的创造性劳动最多,新产品及其制造方法、使用方法都可以申请发明专利。

发明专利的保护范围以发明专利审定授权说明书中权利要求的内容为准,说明书及附图可以用于解释权利要求的内容。通过阅读该权利要求,即可了解发明专利的保护内容。

在中国,发明专利权的保护期限为二十年。

发明专利最难申请。

譬如戴森这个品牌的一系列产品,都是新产品,跟现有产品的制造方法、使用方式以及工作原理都有本质上的区别。这种就属于发明专利。

2. 实用新型专利权

只要有一些技术改进就可以申请实用新型专利。实用新型其实就是对产品的形状、构造或者其结合所提出的适于实用的新的技术方案。

与发明专利一样,实用新型专利的保护范围也是以其审定授权说明书中权利要求的内容为准,说明书及附图可以用于解释权利要求的内容。通过阅读该权利要求,即可了解实用新型专利的保护内容。

在中国,实用新型专利权的保护期限为十年,无须经过实质审查,相较于发明专利更容易获得授权。

3. 外观设计专利权

只要涉及产品的形状、图案或者其结合，以及色彩与形状、图案的结合，富有美感，并适于工业上应用的新设计，就可申请外观设计专利。

外观设计专利的保护范围以审定授权说明书中表示为图片或者照片的该产品的外观设计为准，简要说明可以用于解释图片或者照片所表示的该产品的外观设计。

在中国，外观设计专利权的保护期限为十年。

外观设计专利权如果被侵犯，最容易申诉，因为只要看外观就可以简单地判断是否侵权。

案例1:长得像苹果耳机也是我的错

【案例背景】

苹果公司在各大电商平台上的投诉量一直居高不下,近年来尤以一款耳机为甚。究竟是怎么一回事呢? 原来,早在2012年1月3日美国专利商标局就公布了苹果公司当时新获得的一项设计专利(外观专利权)。专利文件显示,这项专利涉及的是苹果的新式耳机(Ear Pods),见图2-1。这款耳机采用的是更符合人耳构造的设计,与其新型号手机(iPhone 5)一起在2012年9月上市,一上市就广受消费者喜爱,因此,它成为各电商平台商家争相模仿的对象,同时也迅速成为被投诉的焦点。这款苹果耳机的表面虽然无苹果商标,但有注册外观专利,因此其他产品与其看起来相似也不行。而且,该耳机在盒子中的摆放形状,也注册了外观专利,因此电商平台上传的类似外观产品也会构成侵权。

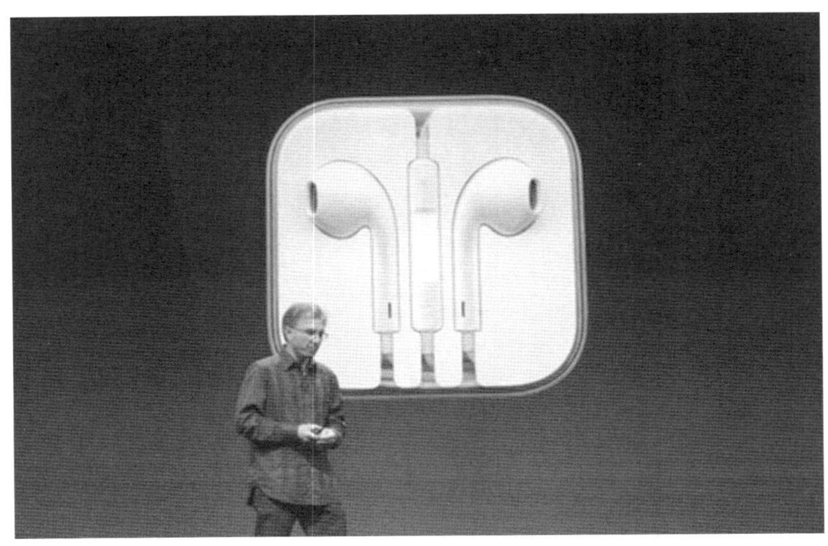

图2-1

阿里巴巴国际站涉嫌侵权的产品,如图2-2所示。

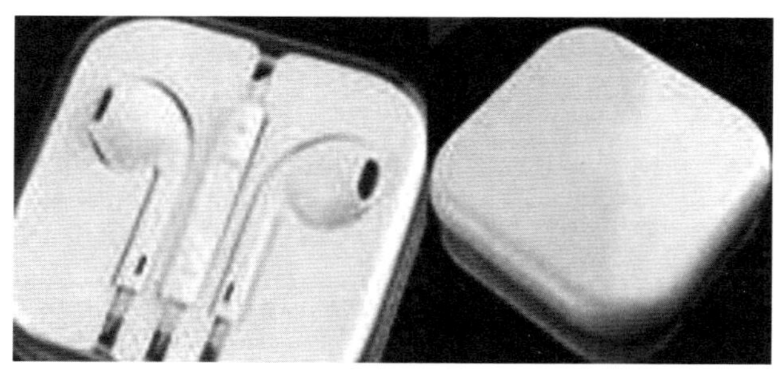

图2-2

【法律分析】

外观设计可以呈现独特的美感，优秀的外观设计甚至可以提升相关商品的畅销程度，增加附加值。权利人被授予外观设计专利权后，任何单位或个人都不得在与拥有外观设计专利的产品相同或者相近种类的产品上，采用与专利产品相同或者近似的外观设计，否则即可以认定该设计进入了该外观设计专利权的保护范围，行为人将为其所实施的行为承担相应的侵权责任。

【法条链接】

《中华人民共和国专利法》（以下简称《专利法》）第十一条第二款 外观设计专利权被授予后，任何单位或者个人未经专利权人许可，都不得实施其专利，即不得为生产经营目的制造、许诺销售、销售、进口其外观设计专利产品。

《专利法》第五十九条第二款 外观设计专利权的保护范围以表示在图片或者照片中的该产品的外观设计为准，简要说明可以用于解释图片或者照片所表示的该产品的外观设计。①

【操作建议】

耳机是常见的手机外配设备，其他品牌的产品也可以用于苹果手机，自主研发生产的耳机或其他品牌的耳机都可以销售使用，但耳机外观或商标和

① 在2021年6月1日起施行的《专利法》中，对应法条为第六十四条第二款。

苹果类似的会构成侵权，因此卖家在选品时不要为了追求爆款而惹祸上身。

案例2:亚马逊网爆款冰桶(Ice cube)外观设计专利侵权

【案例背景】

2018年初,亚马逊网上又一爆款横空出世,没错,说的就是冰桶!如图2-3所示。

图2-3

2014年,美国波士顿学院前棒球选手发起了肌萎缩侧索硬化症(ALS)冰桶挑战,各界大佬纷纷湿身参与挑战,活动风靡全球。聪明的生意人,绝对不会错过赚钱的机会。数据显示,2018年4月初"冰桶"搜索量一直处于上升趋势,4月10日是10倍,5月7日是100倍,一个月时间差不多翻了10倍,销售额也上升得很快。当然,爆款背后总有一个悲伤的故事,因知识产权侵权被下架的商家也是数不胜数。有关这款冰桶的发明专利和产品外观专利，2010年由国外两个发明人提出注册，并在2012年11月取得了证书。详见表2-1。

表2-1

知识产权编号	专利类型	注册地	知识产权内容	相关产品
US 8307670B2	发明专利	美国		
005248614-0001	外观专利	欧盟		
005247061-0001	外观专利	欧盟		
005237724-0001	外观专利	欧盟		

【法律分析】

外观设计专利权保护的是产品外观在一个阶段内的垄断性，比如我国外观设计专利权的有效期限为自申请日起的十年。在该期限内，只要专利权保持有效，那么权利人就对该产品外观设计享有独占性权利。未经专利权人许可，不得在相同或近似种类的商品上使用相同或近似的外观设计，否则即可能构成专利侵权。若行为人需要采用该外观设计，应积极取得专利权人的许可，以有效拓展市场。

【法条链接】

《专利法》第十一条第二款 外观设计专利权被授予后，任何单位或者个人未经专利权人许可，都不得实施其专利，即不得为生产经营目的制造、许诺销售、销售、进口其外观设计专利产品。

《专利法》第五十九条第二款 外观设计专利权的保护范围以表示在图片或者照片中的该产品的外观设计为准，简要说明可以用于解释图片或者照片所表示的该产品的外观设计。

【操作建议】

美国因为有发明专利，需要具体分析权利要求书内容来进行规避，对于广大卖家来说专业性太强。欧盟方面，多是外观专利，而且下证快，一般一个月内就可下证，所以如果你的产品确实外观新颖，有原创性，务必尽快提出专利申请，有了证书，就具备了申诉依据。对于这些爆款，无论是准备生产的卖家，还是在运输路上的，甚至是在销售的卖家，请认真考虑后果，合法拿到授权才是最安全最正当的做法。

案例3:爆款喷水垫(Splash pad)没法“香”了

【案例背景】

2020年,跨境电商发展得如火如荼,但是近期有个产品却被集中侵权了,亚马逊、Wish、eBay等平台上的大批卖家受到波及。事情是这样的:数据显示,自2020年5月18日起,一款喷水垫产品“Splash pad”在美国的搜索量开始飙升,这款产品上印有鲜亮的图案,垫子周围有多个出水孔,颇受孩子们欢迎(如图2-4所示)。在网站上,“splash pad”“splash pad for kids”“splash pad for big kids”等词的搜索量排名均出现大幅度上升。

图2-4

有行业机构在美国专利局检索关键词“Splash pad”，发现了一份于2020年4月授权的发明专利，正是上述这一产品的原理结构；此外，商标检索“Splash pad”显示，目前有SPLASHPAD、SPLASHPAD USA等4个有效的商标。所以，各大平台下架此类产品也是事出有因。

【法律分析】

在产品推向市场之前，生产者应进行专利和商标检索，特别是针对出口目的地的专利产品进行详细技术比对，避免陷入侵权的不利境地。发明专利的权利人，有权禁止他人为生产经营目的制造、使用、许诺销售、销售、进口其专利产品。他人制造、使用、销售自行研发的产品，只要其技术特征属于该发明专利的保护范围，也构成专利侵权。

【法条链接】

《专利法》第十一条 发明和实用新型专利权被授予后，除本法另有规定的以外，任何单位或者个人未经专利权人许可，都不得实施其专利，即不得为生产经营目的制造、使用、许诺销售、销售、进口其专利产品，或者使用其专利方法以及使用、许诺销售、销售、进口依照该专利方法直接获得的产品。

外观设计专利权被授予后，任何单位或者个人未经专利权人许可，都不得实施其专利，即不得为生产经营目的制造、许诺销售、销售、进口其外观设计专利产品。

《专利法》第五十九条第一款 发明或者实用新型专利权的保护范围以其权利要求的内容为准，说明书及附图可以用于解释权利要求的内容。

【操作建议】

想要避免被卷进专利侵权的旋涡，就得对专利侵权相关知识有足够的掌握，才能从容应对。比如在产品上架之前就给自己发明、设计的产品申请好专利，预防专利侵权，当然如果有用到别人的专利技术也可以尽早和对方协商好专利授权使用等。专利申请是保护自己产品的合法权利，别等别人告你产品侵犯专利权了才后悔自己没有申请专利，在网络销售平台上专利侵权事件屡屡发生，也应该得到商家的重视。

案例4:这个网红手机支架有N种投诉你侵权的理由

【案例背景】

最近有亚马逊卖家反映,说是产品被投诉了,定睛一看,居然是从2018年一直火到当下的手机支架!卖家认为,他的产品描述中并没有使用“POP”这一关键词,也没有侵权它们的产品,而且“POP”的官网上根本没有他所售卖的这款产品,他就这么稀里糊涂地被告了。

据了解,泡泡骚(POPSOCKETS)公司专门开发、制造和销售针对移动设备的手柄和支架(如图2-5所示)。其产品从2017年开始在网络上迅速走红。该公司在知识产权保护方面做得不错,早早就注册了商标,还曾因商标被侵权发起过系列维权。当然,泡泡骚公司也申请了专利,凡是与它们产品相关的或类似的功能都不能使用,否则就会涉及专利侵权,而这位中招的卖家就是因为产品功能侵犯了泡泡骚的专利权。

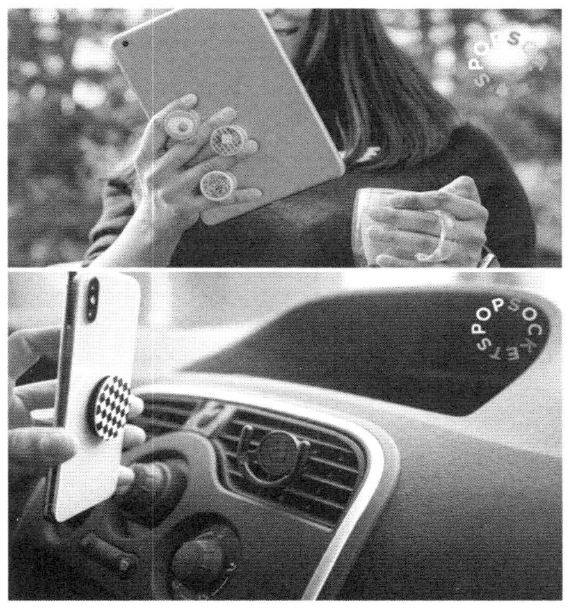

图2-5

据悉，该公司目前分别从版权、商标、发明专利、外观专利等多种维度进行了全面维权，平台涉及亚马逊、Wish、速卖通，甚至自建站等。

【法律分析】

专利是独占性最强的一种知识产权。专利权人可以禁止他人制造、销售、许诺销售、进口属于其专利保护范围的产品。如果是发明专利的话，只要被诉侵权产品的技术特征与发明专利的权利要求记载的技术特征相同或等同，就落入其专利保护范围；如果是外观设计专利的话，在相同或类似的产品上，被诉侵权产品与外观设计专利相同或近似，就有可能构成专利侵权。本案中，泡泡骚围绕其产品进行了全面的专利布局，任何侵犯其专利的产品都有可能被禁止生产、使用和销售。

【法条链接】

《专利法》第十一条 发明和实用新型专利权被授予后，除本法另有规定的以外，任何单位或者个人未经专利权人许可，都不得实施其专利，即不得为生产经营目的制造、使用、许诺销售、销售、进口其专利产品，或者使用其专利方法以及使用、许诺销售、销售、进口依照该专利方法直接获得的产品。

外观设计专利权被授予后，任何单位或者个人未经专利权人许可，都不得实施其专利，即不得为生产经营目的制造、许诺销售、销售、进口其外观设计专利产品。

《专利法》第五十九条 发明或者实用新型专利权的保护范围以其权利要求的内容为准，说明书及附图可以用于解释权利要求的内容。

外观设计专利权的保护范围以表示在图片或者照片中的该产品的外观设计为准，简要说明可以用于解释图片或者照片所表示的该产品的外观设计。

【操作建议】

专利侵权相对来说比较难以识别，因为要判定一个产品是否有专利，要查找其专利人、专利名或专利号，但这对卖家来说并不是一件易事。因此为了避免专利侵权，卖家在选品和发布产品的过程中，一定要尽量通过多个渠道了解产品的相关信息，向供应商咨询，向有经验的同行请教，这些都是甄别专利侵权与否的有效途径。

案例5:妈妈包(Diaper bag)觉得很无辜

【案例背景】

这些年,妈妈包因为其实用的收纳功能和精美的外观设计,引起一股风潮。紧接着,各式各样的妈妈包就被制造了出来并且申请了许多专利保护。在亚马逊平台,妈妈包是很受欢迎的产品,而且市场容量可观,但是随着年终旺季日益逼近,有不少亚马逊卖家反馈,其店铺的妈妈包被投诉侵犯专利权,目前被下架了。

妈妈包是专门为了方便妈妈照顾婴幼儿而设计生产的,一般容量较大,可以将婴幼儿和妈妈的用品分门别类地放入包中,如图2-6所示。

图2-6

经过搜索发现,拥有外观设计专利的品牌"SOHO DESIGNS",是美国经营妈妈包的厂商之一,其主要的销售渠道为亚马逊平台。图2-7所示的产品是该品牌商最经典的两款包。

图2-7

因此,售卖妈妈包的卖家需要特别注意,不要和SOHO DESIGNS的产品外观相同或近似,以免踩雷。

【法律分析】

外观设计,是指对产品的形状、图案或者两者的结合,以及色彩与形状、图案的结合所做出的富有美感并适于工业应用的新设计。外观设计专利保护的范围以表示在图片或者照片中的该产品的外观设计为准。在判断是否构成侵犯外观设计专利权的时候,需秉持"产品+无实质性差异"的原则,即两者是在相同或者近似的产品上,且两者的外观设计无实质性差异。本案中,卖家售卖的妈妈包与著名品牌的妈妈包在产品上相同,外观设计也几乎一样,因此落入了该外观设计专利的保护范围,构成专利侵权。

【法条链接】

《专利法》第五十九条第二款 外观设计专利权的保护范围以表示在图片或者照片中的该产品的外观设计为准,简要说明可以用于解释图片或者照片所表示的该产品的外观设计。

《最高人民法院关于审理侵犯专利权纠纷案件应用法律若干问题的解释》第八条 在与外观设计专利产品相同或者相近种类产品上,采用与授权外观设计相同或者近似的外观设计的,人民法院应当认定被诉侵权设计落入《专利法》第五十九条第二款规定的外观设计专利权的保护范围。

【操作建议】

很多卖家在运营过程中,会去筛查自己的商标是否被抢注、所售产品是否有专利存在，但是选品时，往往很难注意自己所有的商品是否存在外观侵权的可能。而根据亚马逊的规定：卖家所售产品的形状、图案、色彩或者其结合所做出的富有美感并适于工业应用的新设计，只要有60%以上的相似度，简单来讲就是长得像，那么一旦被投诉侵权就会受到处罚。建议卖家谨慎选品，确认好货源商家是否有专利，保证供货渠道的正规合法；商品上架前再仔细检查各大网站、各大品牌是否有对应的相似的产品和图片，确认无误后才能上架。

第三章　著作权困惑

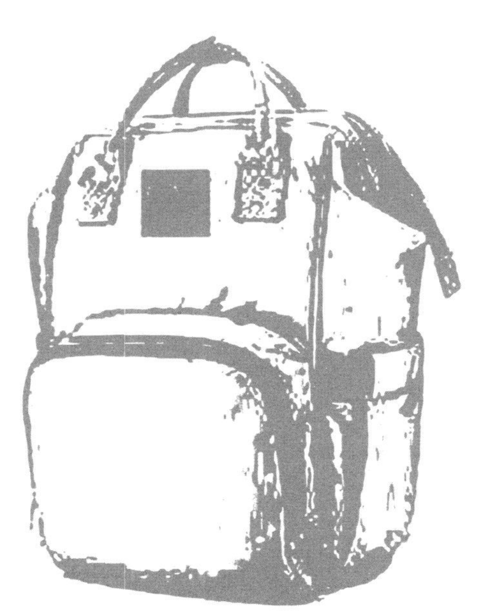

著作权也被称为版权。因过去印刷术不普及，印刷显得很有价值，当时社会认为附随于著作物最重要之权利莫过于拥有著作物印刷出版之权，故有此称呼。随着社会的发展，著作种类增加，著作权的范围已不限于印刷出版之权了。

要了解著作权，首先需明确著作的含义。

著作，指的是公民、法人或者其他组织所创作的文学、艺术和自然科学、社会科学、工程技术等作品，如图书、图画、雕塑等，软件代码也属于著作。

那么著作权，则指的是著作的作者及其相关主体依法对作品所享有的权利，包括财产权（出版权、复制权等），也包括人身权（署名权等）。需注意，著作权自作品完成之日起即产生，并不因登记、申请才拥有。

在中国，受《著作权法》保护的作品范围主要为：

（1）文字作品，例如小说、散文、论文等；

（2）口述作品，例如演说、授课、法庭辩论等；

（3）音乐、戏剧、曲艺、舞蹈、杂技艺术作品；

（4）美术、建筑作品；

（5）摄影作品；

（6）电影作品和以类似摄制电影的方法创作的作品；[①]

（7）工程设计图、产品设计图、地图、示意图等图形作品和模型作品；

（8）民间文学艺术作品；

（9）计算机软件；

（10）符合作品特征的其他智力成果。

① 在2021年6月1日起施行的《著作权法》中，该项变更为“视听作品”。

案例1:“小猪佩奇”打官司

【案例背景】

要说现在哪个卡通形象比较火,小猪佩奇算得上其中之一。任何产品,只要印上小猪佩奇的图案,消费者就纷至沓来。其中,也不乏盗版产品。“小猪佩奇”是英国艾斯利贝克戴维斯有限公司的美术作品,佩奇的版权由艾斯利贝克戴维斯有限公司以及娱乐壹英国有限公司共同拥有。这两家公司有权制作《小猪佩奇》动画片和其他衍生产品,比如配套书籍、小猪布偶、玩具等(如图3-1所示),并在全球范围内推广。“小猪佩奇”进入中国市场后,艾斯利贝克戴维斯公司、娱乐壹英国有限公司一直在积极维权,打击侵害其著作权的行为。由于认为“小猪佩奇”形象被盗用,它们将广东的两家玩具商——汕头市聚凡电子商务有限公司、汕头市嘉乐玩具实业有限公司诉至法院。2018年8月20日,杭州互联网法院采用网上宣判形式,公开宣判了全国首例涉“小猪佩奇”著作权侵权纠纷案件,判决被告两家公司赔偿共计15万元。

图3-1

【法律分析】

依照《著作权法》的规定,中国公民、法人或者其他组织的作品,不论是否发表,依照本法享有著作权。外国人、无国籍人的作品根据其作者所属国或者经常居住地国同中国签订的协议或者共同参加的国际条约享有的著作权，受我国《著作权法》保护。上述英国公司可就“小猪佩奇”这一美术作品在我国受《著作权法》保护，其中就包括复制权、发行权、信息网络传播权、改编权等主要权能。未经著作权人许可，复制、发行、表演、通过信息网络向公众传播其作品的，应承担停止侵害、消除影响、赔礼道歉、赔偿损失等民事责任。上述两家广东公司就因其侵权行为被判令承担了相应的责任。

【法条链接】

《著作权法》第十条 著作权包括下列人身权和财产权：

…………

（二）署名权，即表明作者身份，在作品上署名的权利；

…………

（五）复制权，即以印刷、复印、拓印、录音、录像、翻录、翻拍等方式将作品制作一份或者多份的权利；

（六）发行权，即以出售或者赠与方式向公众提供作品的原件或者复制件的权利；

…………

（十二）信息网络传播权，即以有线或者无线方式向公众提供作品，使公众可以在其个人选定的时间和地点获得作品的权利；

…………

（十四）改编权，即改变作品，创作出具有独创性的新作品的权利；

…………

《著作权法》第四十八条 有下列侵权行为的，应当根据情况，承担停止侵害、消除影响、赔礼道歉、赔偿损失等民事责任；同时损害公共利益的，可以由著作权行政管理部门责令停止侵权行为，没收违法所得，没收、销毁侵权复制品，并可处以罚款；情节严重的，著作权行政管理部门还可以没收主要用于制作侵权复制品的材料、工具、设备等；构成犯罪的，依法追究刑事责任：

（一）未经著作权人许可，复制、发行、表演、放映、广播、汇编、通过信息网

络向公众传播其作品的，本法另有规定的除外；[①]

…………

【操作建议】

这其实是个“小猪佩奇”在中国成功维权的故事。在此，建议跨境卖家在选品时不要为了流量而去踩类似的雷。同时，我们也得到一些反向启发，如果计划打造自己的品牌，那么就要在知识产权体系方面未雨绸缪。比如，目前一些公司还没计划进入某个海外市场，不会去提前布局商标注册，一些企业从成本角度考虑，通常不会选择注册商标类别中所有细分类别，而是只注册几个目前有计划发展的类别。然而，随着品牌越来越受欢迎，企业需要生产更多样的周边产品，突然发现合适的类别已被注册，那么维权成本就会很高。

① 在2021年6月1日起施行的《著作权法》中，对应法条为第五十三条。

案例2:充气沙发不知不觉被侵权了

【案例背景】

据悉,目前权利人荷兰家具品牌公司FATBOY在阿里巴巴国际站上的投诉量一直居高不下,引起了平台方的注意。如图3-2所示的名为“Lamzac”的沙发由荷兰两家公司共同研发,重约1千克,面料为尼龙。未充气前为扁的、可折叠包装,用户拉着开口处往空中一挥,就可使它充满空气,然后把开口处密封好,它便立刻变成沙发,可以承受约196千克的重量。和传统充气沙发不同的是,这款产品易充气、易放气,室内外都可用,方便四处奔波的人立刻休息,广受消费者欢迎。

图3-2

而阿里巴巴国际站常见的FATBOY著作权侵权产品如图3-3所示。

图3-3

该类商品的设计与FATBOY官网享有版权的产品设计构成相同或实质性近似。

【法律分析】

我国《著作权法》将产品设计图也纳入作品的类型当中，并给予保护。只要满足一定的独创性要求，产品设计图也可以成为作品。著作权人享有复制权和发行权，未经著作权人许可，他人不得复制其作品，也不得出售其作品的原件和复制件。这里的“复制”，既包括从平面到平面的复制，也包括从平面到立体的复制。本案中，荷兰家具品牌公司对涉案沙发的产品设计图享有著作权，卖家在未经其许可的情况下，生产和销售涉案商品，侵犯了该公司的复制权和发行权，应承担停止侵害、消除影响、赔礼道歉、赔偿损失等民事责任。

【法条链接】

《著作权法》第三条 本法所称的作品，包括以下列形式创作的文学、艺术和自然科学、社会科学、工程技术等作品：

…………

（七）工程设计图、产品设计图、地图、示意图等图形作品和模型作品；

…………

《著作权法》第十条 著作权包括下列人身权和财产权：

…………

（五）复制权，即以印刷、复印、拓印、录音、录像、翻录、翻拍等方式将作品制作一份或者多份的权利；

（六）发行权，即以出售或者赠与方式向公众提供作品的原件或者复制件的权利；

…………

《著作权法》第四十八条 有下列侵权行为的，应当根据情况，承担停止侵害、消除影响、赔礼道歉、赔偿损失等民事责任；同时损害公共利益的，可以由著作权行政管理部门责令停止侵权行为，没收违法所得，没收、销毁侵权复制品，并可处以罚款；情节严重的，著作权行政管理部门还可以没收主要用于制作侵权复制品的材料、工具、设备等；构成犯罪的，依法追究刑事责任：

（一）未经著作权人许可，复制、发行、表演、放映、广播、汇编、通过信息网络向公众传播其作品的，本法另有规定的除外；

…………

【操作建议】

若卖家遭到荷兰家具品牌公司FATBOY基于官网版权的一般侵权投诉，仅仅是细微的差别就无法支持申诉。若卖家未取得权利人的商标权或著作权授权，请勿使用权利人的知识产权。遇到爆款一定要冷静，第一反应就是去查是否有侵权。另外，如果想从根本上解决侵权的问题，其实还是得回归商业的本质，加强自身产品的创新和研发，自己能够做爆款，或者能够推爆款，那就不会遭遇这样的侵权问题。从长远的角度考虑，做好自己的产品是最好的选择。

案例3:《冰雪奇缘》成文化现象,商品大赚可别侵权

【案例背景】

迪士尼电影《冰雪奇缘》(*Frozen*)自上映后,掀起狂扫全球的冰雪炫风,这股冰雪魅力延续至今热度不减,周边商品不仅在假日销售季卖翻天,成为娱乐巨擘迪士尼的获利神器,还形成特殊的文化现象。亚马逊近日指出,其卖出的《冰雪奇缘》女主角艾莎公主(Elsa)的娃娃数量,可堆高到迪士尼乐园灰姑娘城堡顶端855次。此外,背包、床单、牙刷等各式生活用品,都抢着与电影沾上边而印有片中角色的图案。该电影替迪士尼消费商品部门带来逾10亿美元营收。全球也掀起《冰雪奇缘》扮装热,数百万小女孩热衷于把自己打扮成剧中人物(如图3-4所示)。迪士尼趁万圣节热潮,在北美卖出300多万套相关服饰。目前跨境电商平台上可以发现不少卖家售卖与《冰雪奇缘》相关的产品,但绝大多数并未获得授权。速卖通平台甚至发布了有关《冰雪奇缘》知识产权的相关通知,提醒速卖通卖家,迪士尼公司已就《冰雪奇缘》相关权利在包括中国在内的多个国家获得知识产权保护,包括但不限于"冰雪奇缘""DISNEY FROZEN"商标及《冰雪奇缘》卡通形象著作权。生产和销售《冰雪奇缘》相关产品,必须经过迪士尼的相关授权,否则均属于侵犯其知识产权。

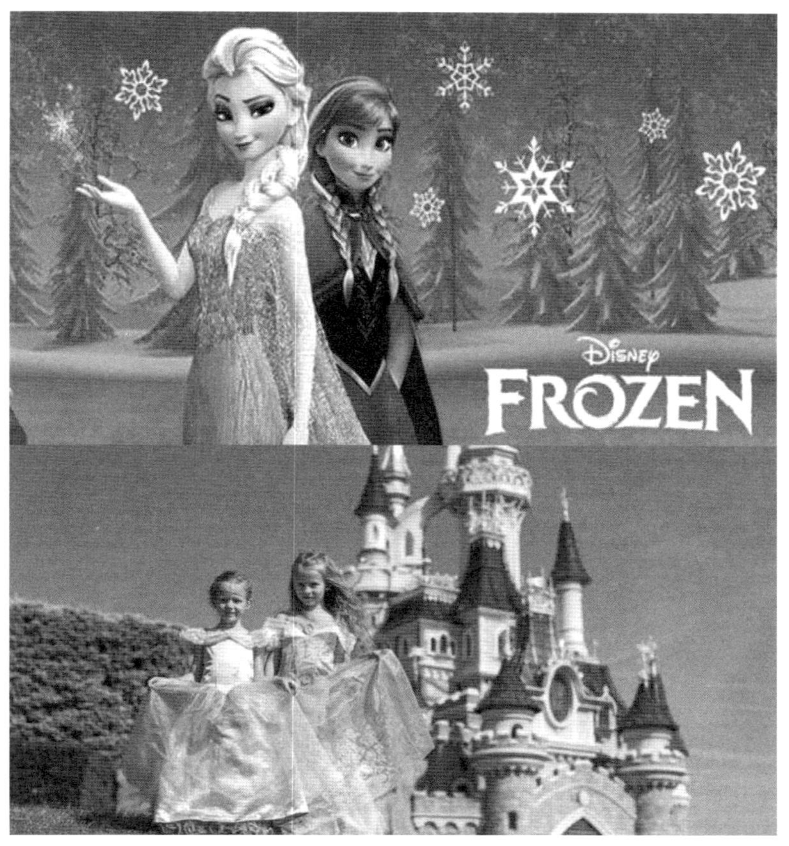

图 3–4

【法律分析】

迪士尼公司创造的动画形象往往具有巨大的知名度和影响力，受众广泛，其相关衍生品市场蕴含着巨大的经济利益，是其电影的重要创收来源。若为商业目的使用该动画形象，必须经得著作权人的许可，在许可范围内使用，并按约缴纳许可费。若未经许可直接使用相关动画形象，必然构成对著作权的侵害，需要承担停止侵害、消除影响、赔礼道歉、赔偿损失等民事责任。若侵权规模巨大、情节恶劣，还有可能承担刑事责任。

【法条链接】

《著作权法》第三条 本法所称的作品，包括以下列形式创作的文学、艺术和自然科学、社会科学、工程技术等作品：

…………

（四）美术、建筑作品；

（五）摄影作品；

（六）电影作品和以类似摄制电影的方法创作的作品；

…………

《著作权法》第十条 著作权包括下列人身权和财产权：

…………

（五）复制权，即以印刷、复印、拓印、录音、录像、翻录、翻拍等方式将作品制作一份或者多份的权利；

（六）发行权，即以出售或者赠与方式向公众提供作品的原件或者复制件的权利；

…………

《著作权法》第四十八条 有下列侵权行为的，应当根据情况，承担停止侵害、消除影响、赔礼道歉、赔偿损失等民事责任；同时损害公共利益的，可以由著作权行政管理部门责令停止侵权行为，没收违法所得，没收、销毁侵权复制品，并可处以罚款；情节严重的，著作权行政管理部门还可以没收主要用于制作侵权复制品的材料、工具、设备等；构成犯罪的，依法追究刑事责任：

（一）未经著作权人许可，复制、发行、表演、放映、广播、汇编、通过信息网络向公众传播其作品的，本法另有规定的除外；

…………

【操作建议】

随着迪士尼电影的热映，与大白、米奇、米妮、艾莎、安娜等一系列迪士尼电影人物相关的产品成为爆款。很多卖家都想分一杯羹，但是在选品时务必保证供货渠道的正规性或者取得正规授权。需要注意的是，只有权利人才有资格进行品牌授权，代理商是没有资质给其他卖家授权的。另外，即使有些厂商对动画人物做了细微的改动，也还是特别容易造成侵权，将卡通人物印在衣服、抱枕上也一样是侵权行为。

案例4:品牌官网图可别随意盗了

【案例背景】

据悉,阿里巴巴国际站上服装类产品备受买家欢迎,但是平台也收到该大类下诸多知识产权侵权投诉,侵权行为主要集中在运动服、T恤(球服)、服装配饰、晚礼服、下装(裤)、夹克等高热服装类目。投诉的知识产权侵权主要是著作权侵权和商标权侵权问题,很多被投诉产品属于模仿大牌的服装款式、显著的标志性设计,特别是运动服、晚礼服。而其中著作权侵权方面主要涉及官网的图片盗用,侵犯了权利人的著作权,比如维多利亚的秘密(Victoria's Secret)。维多利亚的秘密的产品种类包括女士内衣、泳装、休闲女装、女鞋、化妆品及各种配套服装、豪华短裤、香水、化妆品、相关书籍等,其是全球最著名的内衣品牌之一(如图3-5所示)。

图3-5

【法律分析】

在我国著作权侵权诉讼中,有大量案件就是在生产宣传过程中,未经著作权人许可而使用他人图片,从而构成著作权侵权的,特别是在线销售过程中，盗用他人图片较为常见，很容易侵害权利人的信息网络传播权，被要求承担相应的侵权责任。司法实践中，若行为人以官网大图标榜自身系官方授权经销商身份，试图以此获取额外竞争利益，还可能涉嫌不正当竞争，应引起销售者的充分关注和重视。

【法条链接】

《著作权法》第三条 本法所称的作品，包括以下列形式创作的文学、艺术和自然科学、社会科学、工程技术等作品：

…………

（五）摄影作品；

…………

《著作权法》第十条 著作权包括下列人身权和财产权：

…………

（十二）信息网络传播权，即以有线或者无线方式向公众提供作品，使公众可以在其个人选定的时间和地点获得作品的权利；

…………

《著作权法》第四十八条 有下列侵权行为的，应当根据情况，承担停止侵害、消除影响、赔礼道歉、赔偿损失等民事责任；同时损害公共利益的，可以由著作权行政管理部门责令停止侵权行为，没收违法所得，没收、销毁侵权复制品，并可处以罚款；情节严重的，著作权行政管理部门还可以没收主要用于制作侵权复制品的材料、工具、设备等；构成犯罪的，依法追究刑事责任：

（一）未经著作权人许可，复制、发行、表演、放映、广播、汇编、通过信息网络向公众传播其作品的，本法另有规定的除外；

…………

【操作建议】

作为跨境电商卖家，在店铺装修与产品发布过程中需小心谨慎。这是一个尊重原创的世界，不建议使用他人原创的图片、文字、视频，或者是对其进行二次剪辑。尤其是不得任意使用或模仿他人品牌的官网图片及款式设计。另外，若卖家要发布品牌信息，则应先提供授权证明。最后，建议不要使用图片处理工具遮盖全部或部分商标，或是使用品牌的变形词、衍生词，也不要发布模仿知名品牌代表性图案、底纹或款式的疑似产品。总而言之，要了解好产品的市场状况，进而做出自己的原创产品。

案例5:婚纱品类遭美国婚纱企业大规模“围剿”

【案例背景】

2016年1月4日,美国婚纱与礼服行业协会(ABPIA)以及众多美国公司(原告)向伊利诺伊州地方法院提起诉讼,指控中国3000多家婚纱礼服跨境电商(被告)在美国出售侵犯其知识产权的产品,通过运营的侵权网站,以直接参与或以合伙人、共谋者、供应商的形式,恶意生产、进口、分销、出售假冒产品。原告指控的行为包括,伪造商标及侵犯商标权、不正当竞争及伪造产地、恶意抢注域名、侵犯版权及贸易欺诈行为等。

据悉,美国对中国婚纱品类进行如此大规模的“围剿”已经不是第一次了。早在2012年,本案原告就曾对中国第三方平台的婚纱卖家进行“维权控告”,平台迫于压力采取了下架封店措施。2014年,原告又对中国1000多家网站提起了诉讼,表示这部分网站每年向美国至少销售60万件婚纱和礼服,令美国相关行业每年损失3亿美元的营收。当时新泽西州一联邦法庭接受此案并审理,判决原告胜诉,下令关闭这些网站并冻结了相关的账户资金。而最近很火的一个美国婚纱品牌“Mon Cheri Bridals”也在相关平台上发起了大面积的维权,这些平台上关于“婚纱及Mon Cheri”的搜索情况显示,存在不少该品牌的侵权图片。(如图3-6所示)

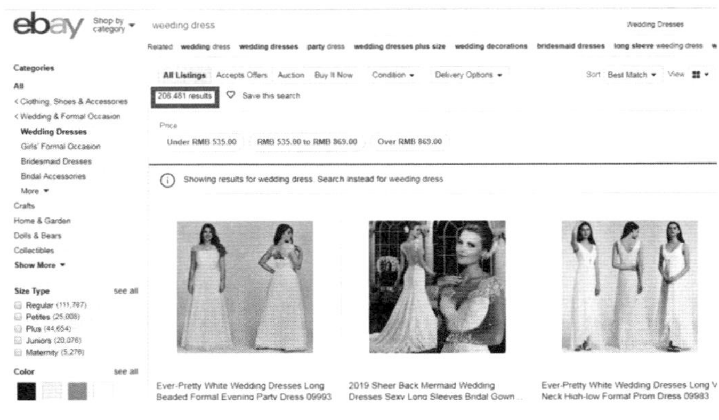

图3-6

【法律分析】

婚纱一般具有较高的审美价值，其中往往包含了设计师大量的创造性劳动，并有较高的附加值，其创作成果理应得到妥善、全面的保护。关于婚纱最常见的侵权类型就是版型设计的抄袭，在巨大利益的驱动下，有人会铤而走险，通过侵权牟取暴利。关于抄袭婚纱设计的行为，行为人应承担侵害著作权的责任。实践中还存在就婚纱设计申请外观设计专利的情况，这样会导致保护期相对较短，但保护门槛相对较低，对婚纱设计美感的要求明显会低于按照美术作品进行保护的要求。至于冒用他人商标，会涉及侵害商标权；恶意抢注域名，也会涉嫌商标侵权和不正当竞争。

【法条链接】

《著作权法》第三条 本法所称的作品，包括以下列形式创作的文学、艺术和自然科学、社会科学、工程技术等作品：

…………

（四）美术、建筑作品；

…………

《著作权法》第十条 著作权包括下列人身权和财产权：

…………

（五）复制权，即以印刷、复印、拓印、录音、录像、翻录、翻拍等方式将作品制作一份或者多份的权利；

（六）发行权，即以出售或者赠与方式向公众提供作品的原件或者复制件的权利；

…………

《著作权法》第四十八条 有下列侵权行为的，应当根据情况，承担停止侵害、消除影响、赔礼道歉、赔偿损失等民事责任；同时损害公共利益的，可以由著作权行政管理部门责令停止侵权行为，没收违法所得，没收、销毁侵权复制品，并可处以罚款；情节严重的，著作权行政管理部门还可以没收主要用于制作侵权复制品的材料、工具、设备等；构成犯罪的，依法追究刑事责任：

（一）未经著作权人许可，复制、发行、表演、放映、广播、汇编、通过信息网络向公众传播其作品的，本法另有规定的除外；

…………

【操作建议】

婚纱类服装属于敏感类产品，经常会招来国外大公司大规模的投诉。其不仅针对跨境电商平台，甚至包括一些独立网站。婚纱最主要的特点除了品牌，还有颜色、款式、造型。只要平台所售卖产品使用的品牌名称或造型图片涉及他人品牌的，就属于侵权。也就是说即使你售卖的不是该品牌的产品，只是使用了它的图片，也是侵权的表现。所以建议卖家赶紧自查店铺图片，确保你所使用的婚纱图片没有侵权他人品牌。有些卖家明明知道自己的产品侵权，但是为了能够快速出单，赚快钱，不思悔改，等到账号遭到冻结，才开始四处寻求解决办法，非常不可取。

第四章　不正当竞争乱象

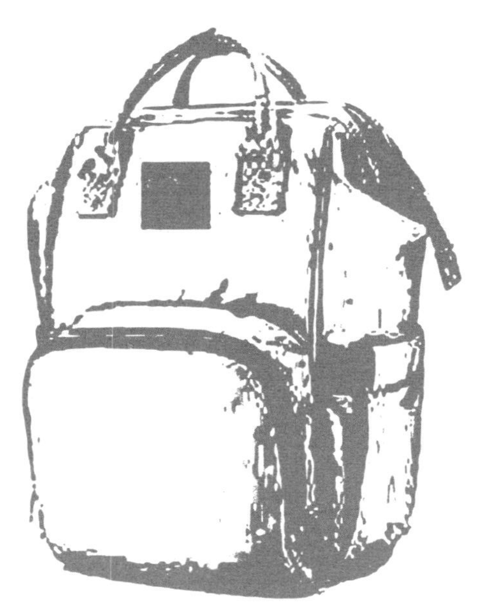

不正当竞争是指经营者以及其他有关市场参与者采取违反公平、诚实信用等公认的商业道德的手段去争取交易机会或者破坏他人的竞争优势，损害消费者和其他经营者的合法权益，扰乱社会经济秩序的行为。

不正当竞争行为的具体内容主要分为以下几种。

1.混淆交易行为

混淆交易行为是指经营者在市场经营活动中，以种种不实手法对自己的商品或服务做虚假表示、说明或承诺，或不当利用他人的智力劳动成果推销自己的商品或服务，使用户或者消费者产生误解，扰乱市场秩序、损害同业竞争者的利益或者消费者利益的行为。

根据《反不正当竞争法》第六条的规定，下列行为均属于混淆行为：

(1)假冒他人的注册商标；

(2)与知名商品相混淆；

(3)擅自使用他人的企业名称或姓名，引人误认为是他人的商品；

(4)伪造、冒用各种质量标识和产地的行为。

2.商业贿赂行为

商业贿赂是指经营者为争取交易机会，暗中给予交易相对方有关人员和能够影响交易的其他相关人员以财物或其他好处的行为。

3.虚假宣传行为

虚假宣传行为是指经营者利用广告和其他方法，对产品的质量、性能、成分、用途、产地等所做的引人误解的不实宣传。

4.侵犯商业秘密行为

侵犯商业秘密的行为表现为以下几种情况：

(1)以盗窃、利诱、胁迫或者其他不正当手段获取权利人的商业秘密；

(2)披露、使用或者允许他人使用以上述手段获取的权利人的商业秘密；

(3)违反约定或者违反权利人有关保守商业秘密的要求，披露、使用或者允许他人使用其所掌握的商业秘密；

(4)明知或应知前述第一种至第三种违法行为，而获取、使用或者披露他人商业秘密。

5. 低价倾销行为

低价倾销行为是指经营者以排挤竞争对手为目的，以低于成本的价格销售商品。

有四种除外情况：

(1)销售鲜活商品；

(2)处理有效期限即将到期的商品或者其他积压的商品；

(3)季节性降价；

(4)因清偿债务、转产、歇业降价销售商品。

6. 不正当有奖销售行为

不正当有奖销售行为指经营者在销售商品或提供服务时，以提供奖励(包括金钱、实物、附加服务等)为名，实际上采取欺骗或者其他不当手段损害用户、消费者的利益，或者损害其他经营者合法权益的行为。

有奖销售是一种有效的促销手段，其方式大致可分为两种：一种是奖励给所有购买者的附赠式有奖销售，一种是奖励部分购买者的抽奖式有奖销售。

国家市场监督管理总局禁止以下列方式进行有奖销售：

(1)谎称有奖销售或对所设奖的种类，中奖概率，最高奖金额，总金额，奖品种类、数量、质量、提供方法等做虚假不实的表示；

(2)采取不正当手段故意让内定人员中奖；

(3)故意将设有中奖标志的商品、奖券不投放市场或不与商品、奖券同时投放，或者故意将带有不同奖金金额或奖品标志的商品、奖券按不同时间投放市场；

(4)抽奖式的有奖销售，最高奖的金额超5000元(以非现金的物品或者其他经济利益作为奖励的，按照同期市场同类商品或者服务的正常价格折算其金额)；

(5)利用有奖销售手段推销质次价高的商品；

(6)其他欺骗性有奖销售行为。

7. 诋毁商誉行为

诋毁商誉行为指经营者捏造、散布虚假事实，损害竞争对手的商业信誉、商品声誉,从而削弱其竞争力的行为。

8.其他

(1)抢注域名行为;

(2)不正当超链接利用他人网络信息的行为;

(3)商标假冒行为,抄袭竞争对手广告的行为;

(4)不正当获取和使用他人商业秘密的行为。

案例1:亚马逊VC账号恶意修改产品页面(Listing)

【案例背景】

近期,一位亚马逊发言人表示,亚马逊正在积极追查那些试图在网站上伤害卖家利益的人。比如恶意篡改卖家Listing的VC账号、用恶意手段跟卖他人的卖家、恶意给他人上差评的卖家等。亚马逊会利用包括机器学习在内的工具,在这些卑劣的恶意竞争行为发生之前就将其屏蔽。“如果有坏人试图滥用我们的系统,我们会很快采取行动,包括停用其商家账号、删除评价、拒付资金、采取法律措施并与执法部门合作。”亚马逊发言人补充道。这次亚马逊官方发言给了卖家不少信心,权限大、劣迹多的VC账号将成为这一波整顿的重点。

如图4-1所示,一个卖家用VC账号低价跟卖别人的Listing,抢到购物车后,就能拥有这条Listing的编辑权,然后在文案中添加亚马逊违规词,被亚马逊系统抓取后,原卖家的链接就下架了。

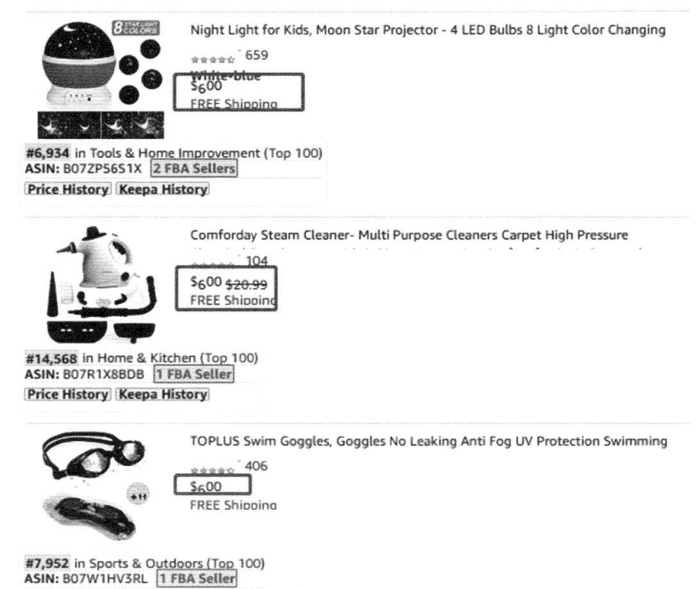

图4-1

【法律分析】

市场鼓励正当有序的竞争，以此激发经济活力，促进社会发展。经营者在生产经营活动中，应当遵循自愿、平等、公平、诚信的原则，遵守法律和商业道德，不得扰乱市场竞争秩序，损害其他经营者或者消费者的合法权益。对于那些恶意伤害卖家合法权益的行为人，应给予明确的否定性评价。平台经营者有义务和责任采取有力的合法措施，确保平台的健康有序运行，切实保护各方利益。

【法条链接】

《反不正当竞争法》第二条 经营者在生产经营活动中，应当遵循自愿、平等、公平、诚信的原则，遵守法律和商业道德。

本法所称的不正当竞争行为，是指经营者在生产经营活动中，违反本法规定，扰乱市场竞争秩序，损害其他经营者或者消费者的合法权益的行为。

本法所称的经营者，是指从事商品生产、经营或者提供服务(以下所称商品包括服务)的自然人、法人和非法人组织。

【操作建议】

在亚马逊网上的竞争一直都很激烈，大部分卖家并不担心正常的竞争，最怕的是背地里恶意竞争。如案例中所述的对店内销量排名靠前的产品以定价更低的形式进行跟卖，更有甚者，先入为主投诉卖家的产品侵权。而对付这些恶意跟卖行为，最好的办法就是注册商标完成品牌备案。当然，作为卖家，要坚决抵制这些不正当竞争行为，大家一起努力营造一个公平的电商环境。

案例2:引用他人企业名称不可取

【案例背景】

在阿里巴巴国际站中常见的不正当竞争行为有:卖家发布的产品或企业信息中使用他人企业名称。比如:某投诉方名称为Shanghai Tongjie XXX.,被投诉方A公司的产品标题中出现投诉方企业名称的部分字段,可准确识别投诉方企业名称(如图4-2中实线方框标注的地方)。

图4-2

【法律分析】

企业名称,包括简称和字号,蕴含着一家企业的商誉,具有一定的品牌价值,同商标一样,可以起到标识产品与服务来源的功能。《反不正当竞争法》对知名企业名称提供了保护,未经许可,擅自使用他人有一定影响力的企业名称,引人误认为是他人商品或者与他人存在特定联系的,都有可能构成不正当竞争行为,应当依法承担民事责任。

【法条链接】

《反不正当竞争法》第六条 经营者不得实施下列混淆行为，引人误认为是他人商品或者与他人存在特定联系：

…………

（二）擅自使用他人有一定影响的企业名称（包括简称、字号等）、社会组织名称（包括简称等）、姓名（包括笔名、艺名、译名等）；

…………

《反不正当竞争法》第十七条 经营者违反本法规定，给他人造成损害的，应当依法承担民事责任。

…………

【操作建议】

卖家的产品信息中出现投诉方企业名称的全部或部分字段，展示的图片上出现投诉方企业的名称等都会构成不正当竞争，因此，不要为了流量铤而走险去侵权。

同样，作为卖家，也要时刻维护自己企业的权益，如果发现被其他企业侵权，要及时投诉维权。投诉时，需提供真实、有效的营业执照和联系方式；要有具体明确的被投诉方；同时提供必要、准确、翔实的事实依据和证明材料，包括但不限于：①被投诉方产品/企业信息中使用投诉方企业名称的侵权事实证明（如页面截图等）；②若涉及旺铺水印，需提供投诉方的旺铺地址；③被投诉信息已发布上线且尚未下架。

案例3:冒用他人证书

【案例背景】

在阿里巴巴国际站中常见的不正当竞争行为还有:未经授权使用他人企业的证书,并作为自己企业的信息于旺铺或产品信息中展示。比如,A企业的产品详情页面中使用了B企业的相关证书(除商标证、专利证和著作权登记证书)。(如图4-3所示)当然,如果冒用了他人企业的商标证、专利证或者著作权登记证书,则由相应的专门法予以规制。

图4-3

【法律分析】

未经授权使用他人企业的证书,用于向消费者展示自己具有相关的资质、荣誉等,构成《反不正当竞争法》中的虚假宣传行为,是一种典型的不正当竞争行为。这种行为同时也可能构成《反不正当竞争法》所规制的混淆交易行为,因为使用他人企业的证书,可能会使相关消费者误以为经营者与他人企业存在特定联系。经营者不仅要承担民事责任,还有可能受到行政处罚。

【法条链接】

《反不正当竞争法》第二条 经营者在生产经营活动中,应当遵循自愿、平等、公平、诚信的原则,遵守法律和商业道德。

本法所称的不正当竞争行为,是指经营者在生产经营活动中,违反本法规定,扰乱市场竞争秩序,损害其他经营者或者消费者的合法权益的行为。

本法所称的经营者,是指从事商品生产、经营或者提供服务(以下所称商品包括服务)的自然人、法人和非法人组织。

《反不正当竞争法》第六条 经营者不得实施下列混淆行为,引人误认为是他人商品或者与他人存在特定联系:

…………

(四)其他足以引人误认为是他人商品或者与他人存在特定联系的混淆行为。

《反不正当竞争法》第八条 经营者不得对其商品的性能、功能、质量、销售状况、用户评价、曾获荣誉等作虚假或者引人误解的商业宣传,欺骗、误导消费者。

…………

《反不正当竞争法》第十七条 经营者违反本法规定,给他人造成损害的,应当依法承担民事责任。

…………

《反不正当竞争法》第十八条 经营者违反本法第六条规定实施混淆行为的,由监督检查部门责令停止违法行为,没收违法商品。违法经营额五万元以上的,可以并处违法经营额五倍以下的罚款;没有违法经营额或者违法经营额不足五万元的,可以并处二十五万元以下的罚款。情节严重的,吊销营业执照。

…………

《反不正当竞争法》第二十条 经营者违反本法第八条规定对其商品作虚假或者引人误解的商业宣传,或者通过组织虚假交易等方式帮助其他经营者进行虚假或者引人误解的商业宣传的,由监督检查部门责令停止违法行为,处二十万元以上一百万元以下的罚款;情节严重的,处一百万元以上二百万元以下的罚款,可以吊销营业执照。

…………

【操作建议】

卖家在店铺的企业信息中上传了经过涂抹、遮盖、伪造、篡改的其他企业的资质证书,都会构成不正当竞争。而这种信息造假的行为会严重影响自己企业的信誉,绝不可取。

当然,作为有资质的卖家,也要时刻维护自己企业的权益,如果发现被其他企业侵权,要及时投诉维权。投诉时需提供真实、有效的营业执照、联系方式;同时提供必要、准确、翔实的事实依据和证明材料,包括但不限于:①投诉方证书所有权证明(如带有与营业执照企业名一致的证书原件扫描件);②被投诉方产品/企业信息中使用投诉方证书的侵权事实证明(如页面截图等);③被投诉信息已发布上线且尚未下架。

案例4:冒用企业办公场地信息

【案例背景】

在阿里巴巴国际站中存在的不正当竞争还有一种情况是:未经授权使用其他企业厂房、办公室、展会等信息(信息形式为图片或视频),并作为自己企业的信息于旺铺或产品信息中展示,如图4-4所示。

图4-4

【法律分析】

未经许可使用其他企业的厂房、办公室、展会等信息,可能构成混淆交易行为和虚假宣传行为。将其他企业的办公场地信息挪为已用,这种“鸠占鹊巢”的行为,会让相关消费者对经营者的企业实力、经营状况等情况产生错误的认知,从而基于这种错误认知购买经营者的产品;另一种情况是,消费者会将经营者与办公场地实际归属的企业联系起来,那么,原本属于他人企业的交易机会和市场份额可能就被施行不正当竞争行为的经营者所夺走。这些行为都扰乱了正常的市场秩序,也违反了一般的商业道德,应当承担相应的法律责任。

【法条链接】

《反不正当竞争法》第二条 经营者在生产经营活动中，应当遵循自愿、平等、公平、诚信的原则，遵守法律和商业道德。

本法所称的不正当竞争行为，是指经营者在生产经营活动中，违反本法规定，扰乱市场竞争秩序，损害其他经营者或者消费者的合法权益的行为。

本法所称的经营者，是指从事商品生产、经营或者提供服务（以下所称商品包括服务）的自然人、法人和非法人组织。

《反不正当竞争法》第六条 经营者不得实施下列混淆行为，引人误认为是他人商品或者与他人存在特定联系：

…………

（四）其他足以引人误认为是他人商品或者与他人存在特定联系的混淆行为。

《反不正当竞争法》第八条 经营者不得对其商品的性能、功能、质量、销售状况、用户评价、曾获荣誉等作虚假或者引人误解的商业宣传，欺骗、误导消费者。

…………

《反不正当竞争法》第十七条 经营者违反本法规定，给他人造成损害的，应当依法承担民事责任。

…………

《反不正当竞争法》第十八条 经营者违反本法第六条规定实施混淆行为的，由监督检查部门责令停止违法行为，没收违法商品。违法经营额五万元以上的，可以并处违法经营额五倍以下的罚款；没有违法经营额或者违法经营额不足五万元的，可以并处二十五万元以下的罚款。情节严重的，吊销营业执照。

…………

《反不正当竞争法》第二十条 经营者违反本法第八条规定对其商品作虚假或者引人误解的商业宣传，或者通过组织虚假交易等方式帮助其他经营者进行虚假或者引人误解的商业宣传的，由监督检查部门责令停止违法行为，处二十万元以上一百万元以下的罚款；情节严重的，处一百万元以上二百万元以下的罚款,可以吊销营业执照。

…………

【操作建议】

卖家在旺铺或产品信息中将其他企业的厂房、办公室、参加展会等的视频或者图片信息作为自己企业的信息进行展示会构成不正当竞争。因此,卖家在装修旺铺时要注意实事求是,不可以随意去网上下载视频或图片为己所用,一旦被发现,得不偿失。

同样,作为卖家,也要时刻维护自己企业的权益,如果发现被其他企业侵权,要及时投诉维权。投诉时,需提供自己企业真实、有效的营业执照、联系方式;同时提供必要、准确、翔实的侵权事实依据和证明材料,包括但不限于:①视频/图片若为投诉方所有,提供未经编辑的视频/图片原片;②投诉方未曾拍摄过该视频/图片,提供可证明视频/图片背景是投诉方企业厂房、办公室的材料(相同场景照片三张及以上,最好有一张为同角度);③被投诉方的侵权事实证明(如页面截图等);④被投诉信息已发布上线且尚未下架。

案例5:冒用他人联系信息

【案例背景】

在阿里巴巴国际站中存在的不正当竞争还有一种特殊情况是:未经授权使用他人手机、电话、电子邮件、经营地址等联系信息,并将其作为自己企业的信息于旺铺或产品详情中展示(如图4-5所示)。

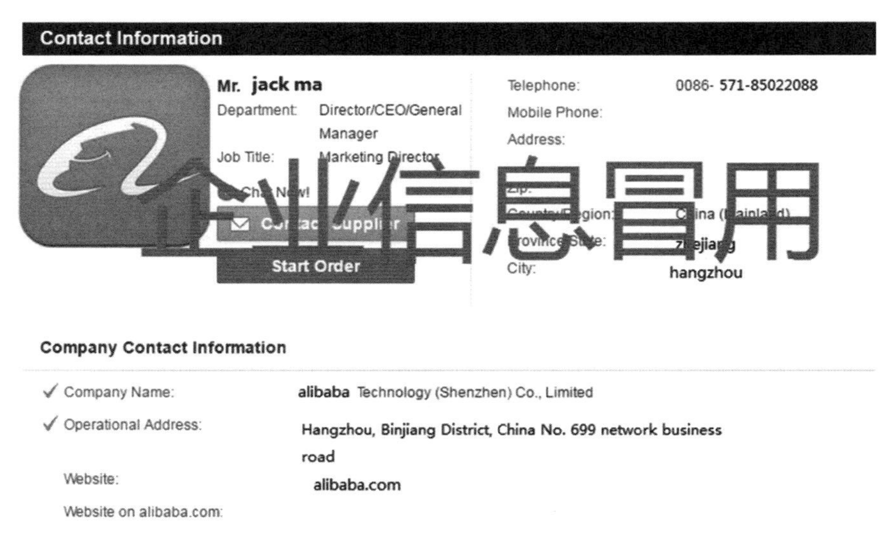

图4-5

【法律分析】

将他人的联系信息作为自己企业的信息使用和展示,可能会引发相关消费者的混淆,误以为经营者与该企业存在联系。混淆交易的不正当竞争行为是《反不正当竞争法》重点规制的行为之一,经营者不仅要承担相应的民事责任,还有可能受到相应的行政处罚,最高可以处违法经营额五倍的罚款。

【法条链接】

《反不正当竞争法》第六条 经营者不得实施下列混淆行为，引人误认为是他人商品或者与他人存在特定联系：

…………

（四）其他足以引人误认为是他人商品或者与他人存在特定联系的混淆行为。

《反不正当竞争法》第十七条 经营者违反本法规定，给他人造成损害的，应当依法承担民事责任。

…………

《反不正当竞争法》第十八条 经营者违反本法第六条规定实施混淆行为的，由监督检查部门责令停止违法行为，没收违法商品。违法经营额五万元以上的，可以并处违法经营额五倍以下的罚款；没有违法经营额或者违法经营额不足五万元的，可以并处二十五万元以下的罚款。情节严重的，吊销营业执照。

…………

【操作建议】

卖家在旺铺或产品信息中将他人企业的联系电话、联系邮箱、企业经营地址等联系信息作为自己企业的信息进行展示同样会构成不正当竞争。

而卖家如果发现类似的侵权行为，也要及时投诉维权。投诉时，首先需提供自己企业真实、有效的营业执照、联系方式；其次要有具体明确的被投诉方；再次要提供必要、准确、翔实的事实依据和证明材料，包括但不限于：①提供联系信息所有权证明（如与移动公司的服务合同、缴费清单、经营地址租赁合同、近三个月的水电缴费清单等有效证明）；②被投诉方产品及企业信息中使用投诉方联系信息的侵权事实证明（如页面截图等）；③被投诉信息已发布上线且尚未下架。

第五章　平台知识产权规则

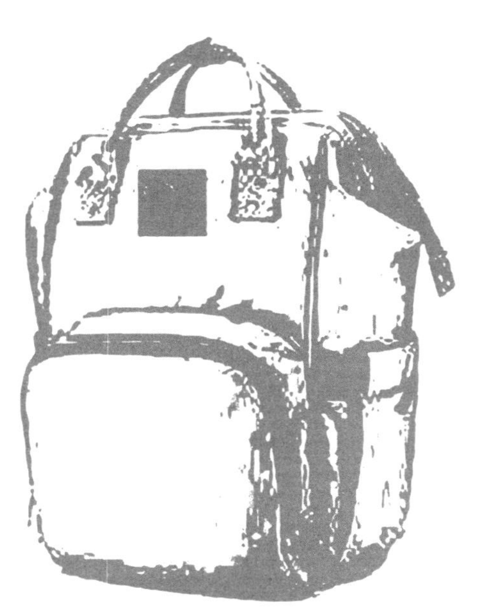

平台1:阿里巴巴国际站知识产权规则

（版本更新至2019年7月8日）

阿里巴巴国际站(简称“国际站”)致力于知识产权保护,严禁用户未经授权发布、销售涉嫌侵犯第三方知识产权的产品。

表5–1

侵权类型	定义	处罚规则
商标侵权	严重违规:未经权利人许可,在所发布、销售的同一种产品上使用与其注册商标相同或相似的商标以及其他商标性使用的情况	累积被记振次数,三次违规者关闭账号
	一般违规:其他未经权利人许可,不当使用他人注册商标的行为	1)首次违规扣0分 2)其后每次重复违规均扣6分 3)累达48分者关闭账号
著作权侵权	未经著作权人许可,擅自发布、复制、销售受著作权保护的产品（如书籍、文字、图片、电子出版物、音像制品、软件、工艺品等),以及其他未经著作权人许可不当使用他人著作权的行为 具体场景说明如下(仅做示例,详细内容见解读): 1)发布或销售的产品或其包装是侵权复制品 2)发布或销售的产品或其包装非侵权复制品,但包含未经授权的受著作权保护的内容或图片 3)在详情页上未经授权使用权利人图片作品 4)在详情页上未经授权使用权利人文字作品	1)首次违规扣0分 2)其后每次重复违规均扣6分 3)累达48分者关闭账号
专利侵权	严重违规:判定视个案情节而定	累积被记振次数,三次违规者关闭账号
	一般违规:未经权利人许可,擅自发布、销售包含他人专利(包含外观设计专利、实用新型专利或发明专利等)的产品,以及其他未经专利权人许可,不当使用他人专利的行为	1)首次违规扣0分 2)其后每次重复违规均扣6分 3)累达48分者关闭账号

对应的账号处罚标准(除特别说明外,国际站全站的罚分累加计算),请

参见《阿里巴巴国际站用户违规处罚标准》。

备注：

（1）国际站将按照侵权产品投诉被受理时的状态，对违规用户实施处罚。

（2）同一天内所有一般违规及著作权侵权投诉即投诉成立，扣分累计不超过6分。对于商标权或专利权的一般违规，此处所指的“投诉成立”指被投诉方被同一知识产权投诉，在规定期限内未发起反通知，或虽发起反通知，但反通知不成立；对于著作权侵权违规，此处所指的“投诉成立”指被投诉方被同一著作权人投诉，在规定期限内未发起反通知，或虽发起反通知，但反通知不成立。

（3）用户被首次投诉后5天之内的，基于同一知识产权针对商标权一般违规及专利权一般违规的投诉，或来自同一著作权人的著作权侵权违规投诉，应视为一次投诉。

（4）3天内所有严重违规投诉成立（“投诉成立”指被投诉方被某一知识产权投诉，在规定期限内未发起反通知；或虽发起反通知，但反通知不成立）应视为一次违规计算。

（5）国际站抽样检查，每次扣2分，一天内扣分不超过6分；如一般违规情节严重的（包括但不限于销售假冒商品纠纷），每次扣4分，一天内扣分不超过12分。

（6）国际站有权对用户产品违规及侵权行为及用户店铺采取处罚，包括但不限于：①退回或删除商品/信息；②限制商品发布；③暂时冻结账户；④关闭账号。对于关闭账号的用户，阿里巴巴国际站有权采取措施防止该用户再次在国际站上进行登记。

（7）当情况特别显著或极端时，国际站保留对用户单方面解除会员协议或服务合同、直接关闭用户账号，以及国际站酌情判断与其相关联的所有账号及/或实施其他国际站认为合适措施的权利，“情况特别显著或极端”包括但不限于：

①用户重复侵权，情节严重；

②权利人针对国际站提起诉讼或法律要求；

③卖家因侵权行为被权利人起诉、被司法、执法或行政机关立案处理；

④因应司法、执法或行政机关要求国际站处置账号或采取其他相关措施。

(8)每项违规行为自处罚之日起有效365天。

(9)国际站保留以上处理措施等的最终解释权、决定权及与之相关的一切权利。

(10)国际站有权根据法律法规的调整、经营环境的变化等因素及时地修订本规则并予以公示,修订后的规则于公示中指定日期生效。

(11)本规则为国际站发布的规则的组成部分,本规则与国际站发布的其他规则不一致的,以本规则为准,本规则未尽事宜,以国际站发布的其他规则为准。

(12)本规则如中文和非中文版本存在不一致,歧义或冲突,应以中文版为准。

平台2:敦煌网知识产权管理规范

（版本更新至2018年8月20日）

一、知识产权管理

第一条　名词解释

1. 知识产权(Intellectual Property Right,缩写IPR)

知识产权,也称“知识所属权”,指“权利人对其智力劳动所创作的成果享有的财产权利”,一般只在有限时间期内有效。知识产权只是一个统称,根据保护对象的不同,主要包含专利权、商标权、著作权等。

2. 专利权(Patent Right,简称“专利”)

专利权是指发明创造人或其权利受让人对特定的发明创造在一定期限内依法享有的独占实施权。专利权包括如下三种。

(1)发明专利权。

发明专利权是指对产品、方法或者其改进所提出的新的技术方案。发明专利的保护范围以发明专利审定授权说明书中权利要求的内容为准,说明书及附图可以用于解释权利要求的内容。在中国,发明专利权的保护期限为二十年。

(2)实用新型专利权。

实用新型是指对产品的形状、构造或者其结合所提出的适于实用的新的技术方案。实用新型专利只保护产品。在中国,实用新型专利权的保护期限为十年。

(3)外观设计专利权。

外观设计是指对产品的形状、图案或者其结合以及色彩与形状、图案相结合所做出的富有美感并适于工业上应用的新设计。外观设计的载体必须是产品。在中国,外观设计专利权的保护期限为十年。

3. 商标权

商标是用以区别商品和服务不同来源的商业性标志,由文字、图形、字母、数字、三维标志、颜色组合或者上述要素的组合构成。商标权是商标专用权的简称，是指商标主管机关依法授予商标所有人对其注册商标受国家法律保护的专有权。商标注册人依法支配其注册商标并禁止他人侵害的权利，包括商标注册人对其注册商标的排他使用权、收益权、处分权、续展权和禁止他人侵害的权利。

4. 著作权

著作权是指作者和其他著作权人对文学、艺术和科学工程作品所享有的各项专有权利。它是自然人、法人或者其他组织对文学、艺术或科学作品依法享有的财产权利(出版、复制等)和人身权利(署名等)的总称。

5. 自主品牌

自主品牌是指由企业自主开发，拥有自主知识产权的品牌。

6. 授权品牌

授权品牌又称品牌许可，是指授权者(版权商或代理商)将自己所拥有或代理的商标或品牌等，以合同的形式授予被授权者使用；被授权者按合同规定，从事经营活动(通常是生产、销售某种产品或者提供某种服务)，并向授权者支付相应的费用——权利金；同时授权者给予被授权者人员培训、组织设计、经营管理等方面的指导与协助。

第二条　侵犯知识产权违规类型

侵犯知识产权的违规分为以下三种类型，相关违规行为以及处罚参考《违规行为及处罚规则》。

(1) 侵犯知识产权权利人专利权：侵犯知识产权权利人专利权是指以营利为目的，没有得到专利权人的许可，实施其专利的行为。

(2)侵犯知识产权权利人商标权：是指以营利为目的，未经权利人许可，侵犯他人注册商标专用权的行为。

(3)侵犯知识产权权利人著作权：是指以营利为目的，未经著作权人许可，侵犯他人的著作权，违法所得数额较大或者有其他严重情节的行为。

二、品牌产品销售规范

第三条　品牌销售资质标准

1.牌销售资质要求

品牌销售类型分为自主品牌和授权品牌，卖家需根据自身情况，按照平台规定，提交相关品牌销售资质证明文件。具体资质要求见表5-2。

表5-2

品牌类型	品牌销售资质要求	具体说明
自主品牌	通过实名认证的S级或S级以上卖家	卖家实名认证身份须与商标所有人相符
	提供品牌注册证书	知识产权注册证书应为各国知识产权局颁发的官方注册证书，包括商标注册证书、专利注册证书、版权注册证书等。不接受申请受理中的知识产权文件，如知识产权文件有所变更，须提交官方证明文件
	提供品牌产品销售承诺书	保证书中须写明被授权方提供的所有审核书面材料及所述信息均为充分、真实、准确、完整、合法有效的内容，有关签字和印章均真实有效
授权品牌	通过实名认证的企业资质卖家（不包含个体工商户）	卖家实名认证身份须与授权书上被授权方保持一致，若不一致需提供被授权方身份证明，以及敦煌网账号或其实名认证企业与被授权方的关系证明
	提供知识产权证书	知识产权注册证书应为各国知识产权局颁发的官方注册证书，包括商标注册证书、专利注册证书、版权注册证书等。不接受申请受理中的知识产权文件。如知识产权文件有所变更，须提交官方证明文件
	提供品牌销售资质	卖家须每隔三个月补交近三个月的进货单据，进货单据中需含有供货单位公章。卖家提供授权证书或合同须含有授权公司（授权人）、被授权公司（被授权人）、授权范围、授权有效期、授权日期、具体授权品牌和产品明细以及其他相关信息
	提供品牌产品销售承诺书	保证书中须写明被授权方提供的所有审核书面材料及所述信息均为充分、真实、准确、完整、合法有效的内容，有关签字和印章均真实有效。
	缴纳品牌授权抵押金两万元人民币	销售他人品牌产品，需缴纳两万元人民币的品牌授权抵押金
	其他	敦煌网有权根据卖家提交的资料的实际情况调整品牌授权抵押金金额或要求卖家补交其他辅助资料

第四条 品牌授权抵押金

1.品牌授权抵押金缴存

在通过品牌授权的初步审核后，卖家需缴纳20000元人民币品牌授权抵押金。

2.品牌授权抵押金使用

若品牌授权或进货单据更新，卖家应及时通知平台并提交更新后的相关文件。如卖家店铺违反品牌销售规则，敦煌网将根据违规程度进行抵押金扣款。

具体处罚及扣款要求，请参考表5-3。

表5-3

违规行为	违规程度	品牌抵押金扣款
1.提供虚假授权资料 2.授权被中途终止但未通知平台	违规行为一经认定	全额扣款
1.销售产品种类超出授权书范围 2.有正规授权却销售假冒产品 3.实际销售产品与品牌不符	第一次违规	1000元
	第二次违规	3000元
	第三次违规	5000元
	第四次违规	账户余额
备注: ①如卖家所售产品被品牌商投诉，卖家未申诉或申诉不成功，敦煌网默认该产品为假冒产品，按照上述规则执行处罚及扣款。 ②如卖家在经营过程中，收到知识产权权利人或第三方组织投诉其销售侵权产品，敦煌网有权决定卖家承担对相关权利人和敦煌网所造成的一切损失。		

3.品牌授权抵押金补缴

品牌授权抵押金余额不足15000元时，卖家需在接到敦煌网补缴通知后的7个自然日内完成补缴。如未按时完成，敦煌网将取消卖家的品牌产品销售资格，并将品牌授权抵押金余额返还至当时缴纳的银行账户中。

4.品牌授权抵押金返还

卖家申请：声明不再销售所授权品牌产品，或通知敦煌网由于授权已过期不再经营授权产品，抵押金可由敦煌网审核通过后退回。

敦煌网清退:敦煌网有权根据规则对卖家进行清退,清退后将店铺剩余品牌授权抵押金退还到卖家缴纳品牌授权抵押金的银行账户。

5. 不计利息

对于卖家缴存的抵押金,敦煌网无须向卖家支付任何利息。

平台3:全球速卖通知识产权规则

（版本更新至2020年9月21日）

全球速卖通平台严禁用户未经授权发布、销售涉嫌侵犯第三方知识产权的商品或发布涉嫌侵犯第三方知识产权的信息。

若卖家发布涉嫌侵犯第三方知识产权的信息,或销售涉嫌侵犯第三方知识产权的商品,则有可能被知识产权所有人或者买家投诉,平台也会随机对店铺信息,商品(包含下架商品)信息、产品组名进行抽查,若涉嫌侵权,则信息、商品会被退回或删除。根据侵权类型执行处罚。

一、具体规则

表5-4

侵权类型	定义	处罚规则
商标侵权	严重违规:未经注册商标权人许可,在同一种商品上使用与其注册商标相同或相似的商标	1)三次违规者关闭账号
	一般违规:其他未经权利人许可使用他人商标的情况	1)首次违规扣0分 2)其后每次重复违规均扣6分 3)累达48分者关闭账号
著作权侵权	未经权利人授权,擅自使用受版权保护的作品材料,如文本、照片、视频、音乐和软件,构成著作权侵权 实物层面侵权: 1)盗版实体产品或其包装 2)实体产品或其包装非盗版,但包括未经授权的受版权保护的作品信息层面信息: 产品及其包装不侵权,但未经授权在店铺信息中使用图片、文字等受著作权保护的作品	1)首次违规扣0分 2)其后每次重复违规均扣6分 3)累达48分者关闭账号

续 表

侵权类型	定义	处罚规则
专利侵权	侵犯他人外观专利、实用新型专利、发明专利、外观设计(一般违规或严重违规的判定视个案而定)	1)首次违规扣0分 2)其后每次重复违规均扣6分 3)累达48分者关闭账号 (严重违规情况,三次违规者关闭账号)

备注:

①速卖通会按照侵权商品投诉被受理或速卖通平台抽样检查时的状态,根据相关规定对相关卖家实施适用处罚。

②同一天内所有一般违规,包括所有投诉成立(即被投诉方被某一知识产权投诉,在规定期限内未发起反通知;或虽发起反通知,但反通知不成立)及速卖通平台抽样检查,扣分累计不超过6分。

③三天内所有严重违规,包括所有投诉成立(即被投诉方被某一知识产权投诉,在规定期限内未发起反通知;或虽发起反通知,但反通知不成立)及速卖通平台抽样检查,只会做一次违规计算;三次严重违规者关闭账号,严重违规次数记录累计不区分侵权类型。

④速卖通有权对卖家商品违规及侵权行为及卖家店铺采取处罚,包括但不限于:(i)退回或删除商品/信息;(ii)限制商品发布;(iii)暂时冻结账户;(iv)关闭账号。对于关闭账号的用户,速卖通有权采取措施防止该用户再次在速卖通上进行登记。

⑤每项违规行为由处罚之日起有效365天。

⑥当用户侵权情节特别显著或极端时,速卖通有权对用户单方面采取解除速卖通商户服务协议及免费会员资格协议、直接关闭用户账号及酌情判断与其相关联的所有账号及/或采取其他为保护消费者或权利人的合法权益或平台正常的经营秩序,由速卖通酌情判断认为适当的措施。该等情况下,速卖通除有权直接关闭账号外,还有权冻结用户关联国际支付宝账户资金及速卖通账户资金,其中依据包括为确保消费者或权利人在行使投诉、举报、诉讼等救济权利时,其合法权益得以保障。

⑦速卖通保留以上处理措施等的最终解释权及决定权,也会保留与之相关的一切权利。

⑧本规则如中文和非中文版本存在不一致,歧义或冲突,应以中文版为准。

二、规则解析

(1)商标侵权案例解析。(略)

(2)以上规则所称“侵权情节特别显著或极端”包括但不限于以下:

①用户侵权行为的情节特别严重;

②权利人针对速卖通提起诉讼或法律要求；

③用户因侵权行为被权利人起诉、被司法、执法或行政机关立案处理；

④因应司法、执法或行政机关要求速卖通处置账号或采取其他相关措施；

⑤构成严重侵权的其他情形（如以错放类目、使用变形词、遮盖商标、引流等手段规避）；

⑥速卖通保留最终解释和决定权利。

三、我们建议卖家

（1）尊重知识产权。请卖家朋友们即日起严格排查自己的在线及下架商品，若存在侵权行为，请立即将侵权商品删除。同时，严格把控进货来源，杜绝来源不明的产品，建议实拍图片，提高图片质量，让买家更直观地了解商品，获得更多订单。

（2）发展有品质的自营品牌。如果你的产品有品质，注册自有品牌，跟平台一起，扩大自营品牌影响力，让自己的品牌商品出海，不断增加附加值。

（3）完成品牌准入流程。完成品牌准入再发布品牌商品，不要发布未获得发布权限的品牌商品。

平台4:亚马逊公司关于知识产权方面的相关规则

（版本更新至2017年4月6日）

请以当地站点销售政策的原文为准,中文翻译仅限参考。

您发布的商品如果侵犯他人知识产权,则可能导致取消您的商品信息,或者中止或取消您的销售权限。卖家有责任确保他们提供的商品合法,且自身已获得相关的销售或转售授权。

如果亚马逊认为商品详情页面或商品信息的内容属于违禁、涉嫌违法或者不当内容,则可能会予以删除或修改,恕不事先通知。亚马逊保留判定内容是否恰当的权利。亚马逊遵守《数字千年版权法》的通知移除流程,并将终止一再侵犯他人知识产权的卖家的销售权限。

注意:本指南所介绍的相关政策是对您履行卖家协议或其他文件的其他义务的补充,并且不以任何方式对这些义务进行限制。

一、禁售商品示例

假冒商品:卖家在亚马逊上出售的商品必须是正品。禁止非法复制、复印或制造的任何商品。

商标:商标是用于标识商品来源的字样、标志、颜色、声音或以上各项的任意组合。商标用于将自己的商品和服务与他人提供的商品和服务区分开来,同时用于表明商品或服务的来源。例如,亚马逊这一商标即表明零售服务由亚马逊而非其他来源提供。任何与商品或服务相关的名称或设计都可能是商标。亚马逊禁止发布侵犯他人商标的商品和商品信息。您必须先获取他人的适当许可才能使用其商标。

版权:版权用于保护原创作品(例如图书、音乐、艺术品或照片)。亚马逊禁止发布侵犯他人版权的内容。您必须先获取他人的适当许可才能使用其版权。

专利:作为卖家,您有责任确保您的商品未侵犯他人的专利权。专利是政府授予所有者的一种产权,该权利禁止其他人在颁发专利的国家/地区内制造、使用、引进、供售或销售专利中声明的财产(创意)。您可以将其看作某种产权,例如房屋所有权。作为房主,您有权禁止其他人非法侵入(例如进入您的房屋),因为政府已将该房产的权利授予您。同样,专利所有者有权禁止他人非法侵犯(例如制造、使用、引进、供售或销售)专利中声明的发明,因为政府已授予所有者禁止他人制造、使用、引进、供售或销售专利发明的权利。

未授权及无证商品:所有在亚马逊上供售的商品必须是经商业化生产,授权或批准作为零售商品出售的商品。请参阅我们有关销售教科书的规定。(有关该政策的例外情况,请参阅收藏类图书要求。)

翻版媒介类商品:禁止非法出售未经持权者许可而再复制、配音、汇编或转换的媒介类商品(包括图书、电影、CD、电视节目、软件、视频游戏等)。这包括:

·图书:禁止未授权的图书副本。

·音乐:禁止盗版唱片、未授权的现场音乐会、未授权的响板录音以及未授权的商品等。

·电影:禁止任何形式的未授权电影副本。禁止未发行/预发行电影、试看录像、预告片、未发布或未授权的电影剧本(无 ISBN 编号),电子新闻资料和未授权的道具。

·照片:禁止未授权的照片副本。

·广播节目和音乐会:禁止未经授权翻录或复制广播节目录音。

·软件:禁止任何形式的翻版软件或软件副本。禁止学术版、OEM 版、备份版、完成版、促销版、测试版(预发行)、未授权的免费软件/共享软件以及 Softlifted 版软件。请参阅我们有关销售软件的规定。

·电视节目:禁止未授权的电视节目录像(包括按观看次数付费的节目)、未发布的节目、未授权的剧本、未授权的道具以及试看录像。

·视频游戏:在亚马逊上出售的视频游戏必须是完整零售版。禁止再复制和转换的视频游戏。同时还禁止改机芯片、银磁盘、视频游戏模拟器、世嘉启动盘、游戏增强器、未授权的视频游戏合辑、未授权的视频游戏产品包,以及未授权的配件。

经格式转换的媒介类商品:禁止将媒介类商品从一种格式转换为另一种格式。这包括但不限于:从 NTSC 制式转换为 Pal 制式、从 Pal 制式转换为 NTSC 制式、光盘转换为视频、电视节目转换为视频、CD-ROM 转换为磁带,以及从网络转换为任何数字式等。

促销媒介类商品:禁止媒介类商品的促销版,包括图书(试读副本和未校对样稿)、音乐和视频(试看录像)。这些产品仅用于推广目的,一般不授权零售分销或销售。(有关该政策的例外情况,请参阅收藏类图书要求。)

公开权:您有责任确保您的商品和商品信息未侵犯他人的公开权。例如,您必须先获取相关方的适当许可,才能在商品信息或商品中使用名人的图片和姓名。这包括名人产品代言,以及在商品或宣传材料(如海报、鼠标垫、钟表、数字格式的图片集、广告等)上使用名人的肖像。

平台5:eBay知识产权和VeRO计划

(版本更新至2018年6月25日)

eBay高度重视保护知识产权以及为买家和卖家维持公平安全的在线交易平台环境。为此,eBay不允许卖家在eBay平台上售卖部分类型的物品(比如盗版录制品),同时,eBay还针对卖家如何在eBay平台上售卖部分类型的物品(比如名人亲笔签名)采取了一系列限制措施。

为了在这个领域提供进一步的支持,eBay专门制订了VeRO(Verified Rights Owner)计划,该计划将向知识产权所有者提供渠道来举报他们认为侵犯了他们权利的物品刊登。

一、eBay关于知识产权的规则——概述

eBay始终致力于提供一个更便利的物品购买和售卖平台,同时保护知识产权。以非法方式使用知识产权(比如受版权保护的物品和商标)将被视为侵权,这是违反法律和eBay政策的做法。

二、eBay关于知识产权的准则是什么

卖家在eBay平台上可以刊登哪些物品的规则、限制刊登的物品、eBay平台上不允许刊登的物品、卖家在eBay平台上如何刊登物品以进行售卖的规则、限制情形、不允许情形、具体受限或禁止销售清单请见具体链接。

三、eBay VeRO计划:举报物品刊登违规

eBay专门制订了"VeRO"计划,以便知识产权所有者能够方便地向eBay举报任何侵犯了他们知识产权的物品刊登。

下面列出了eBay关于卖家应该如何做的部分基本准则:

如果您是知识产权所有者:只有知识产权所有者才可以举报侵犯了他们版权、商标权或其他知识产权的eBay物品刊登。如果您是知识产权所有者,您可以访问如何举报知识产权侵权物品刊登(VeRO计划)页面,了解更多有

关VeRO计划的信息,并提交举报。

如果您不是知识产权所有者:即使您不是知识产权所有者,您也可以与知识产权所有者联系,建议他们联系eBay,并提供帮助。

部分参加了eBay VeRO计划的知识产权所有者已经创建了参与者页面,您可以在该页面上找到更多有关他们产品和法律地位的信息。并非所有eBay VeRO计划参与者都已创建参与者页面,您可以在VeRO计划参与者页面上找到已经创建该页面的部分参与者。

如果您的物品刊登被删除:如果您认为自己的物品刊登被错误地删除,请点击了解更多有关eBay如何保护知识产权(VeRO计划)的信息。

四、常见问题

(1)我是否可以在物品刊登中添加有关"我不知道我的部分物品是否为正品"的免责声明?

否,即使在添加免责声明的情况下,eBay也不允许卖家在eBay平台上刊登仿制品、假冒物品和未经授权的复制品。卖家必须对自己所刊登物品的真伪性负责,eBay建议卖家联系制造商确认自己物品的真伪性。

(2)有人一字不变地使用来自我的物品刊登的描述。我可以做些什么来阻止他们?

作为知识产权所有者,您可以举报侵权行为。请填写涉嫌侵权通知,并将其发送给eBay,eBay将会调查并删除违反eBay政策的物品刊登。

(3)什么是版权以及我如何知道我是否侵犯了他人的权利?

版权是知识产权的一种形式,旨在保护原创作者的原创作品,比如书籍、音乐、视频、照片、绘画和软件。版权涵盖已发表的作品和未发表的作品,并且只要作品具有有形形式(例如在纸张上或在视频上),作品就会受到保护。版权禁止任何人未经许可使用他人的作品。

根据版权法的规定,版权作品特定授权复制品的所有者通常有权转售其拥有的特定复制品。例如,如果您购买了一张电影DVD,您可以转售这张特定的DVD。但是,您不可以复制、出售和赠送该DVD未经授权的复制品,除非您是版权所有者或者取得了版权所有者的许可。

(4)什么是商标以及什么情况下可能被视为商标侵权?

商标是指公司用于识别其商品或服务的名称或标志。例如,eBay®是我们公司的名称,也是使用在我们的站点以及各种eBay产品和服务上的商标。商标法的主要目的在于防止人们将一家公司的商品或服务与另一家公司的商品或服务混淆。

商标侵权通常涉及以可能使消费者混淆商品或服务的来源或从属关系的方式在商品或服务上使用他人的商标。

附　录

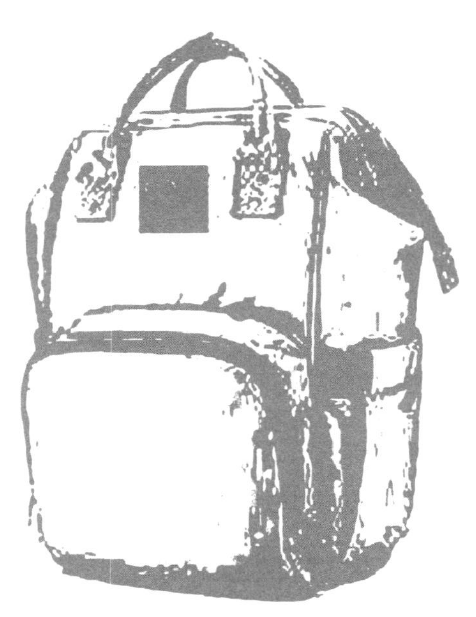

附录1:如何查询知识产权详情

一、商标查询工具

1.中国

第一步:

图附–1

第二步：

首 页　商标近似查询　商标综合查询　商标状态查询　商标公告查询　错误信息反馈

● 商标综合查询

国际分类号：　商品分类帮助　输入：1－45之间的阿拉伯数字，例如查询第9类输入：9
注册号/申请号：
商标名称：　前包含
申请人名称(中文)：　前包含
申请人名称(英文)：　前包含
结果集排序类型：　-----默认-----　只针对带有注册号和类别的查询结果集排序

查询　重填

输入相关内容提交查询，只输入类号是不可以查询的。

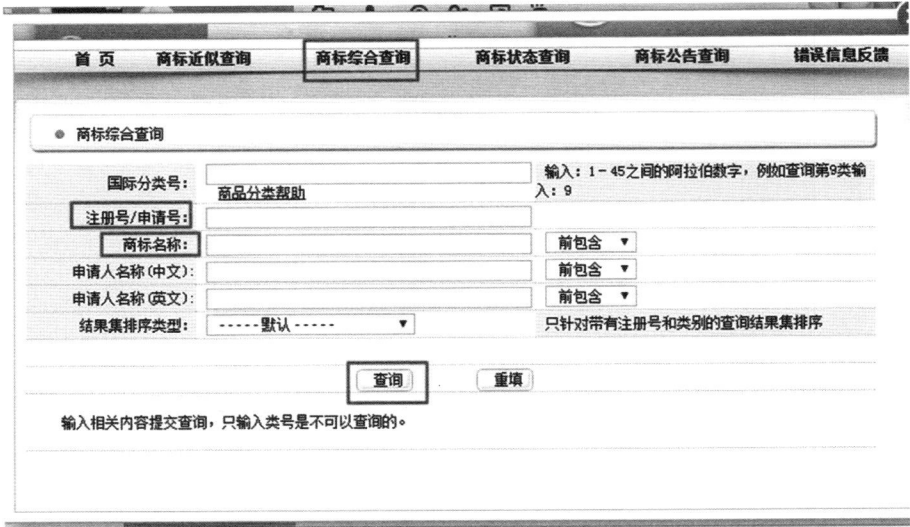

图附–2

友情提醒，由于访问量过大，商标网可能会出现无法访问的情况，可多次尝试访问。

2. 美国

第一步：

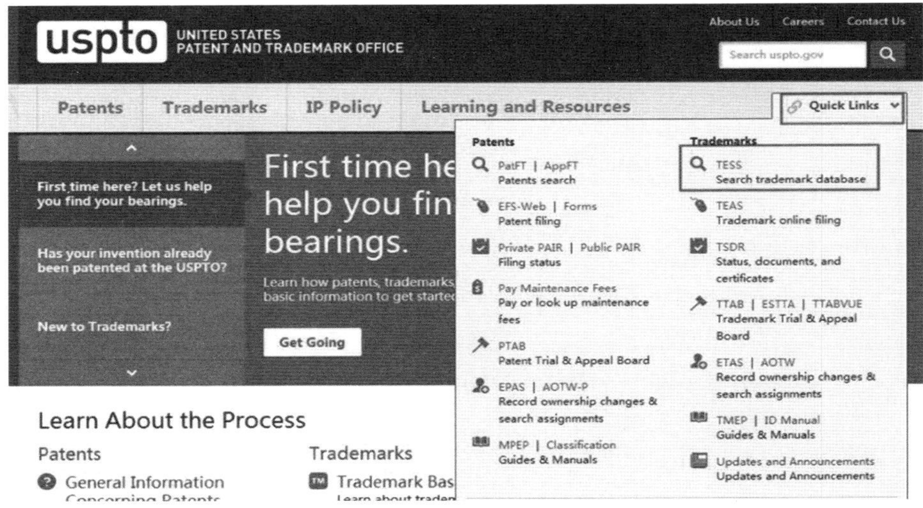

图附–3

第二步：

Trademarks > Trademark Electronic Search System (TESS)

Velcome to the **Trademark Electronic Search System (TESS)**. This search engine allows you to search the USPTO's database of register
pplications to find marks that may prevent registration due to a **likelihood of confusion** refusal.

VARNING: Before conducting your search, you must understand the following: (1) what the database includes; (2) how to construct a cc
he search results. Click **TESS TIPS** for detailed information on these and other important search topics.

HELP News!

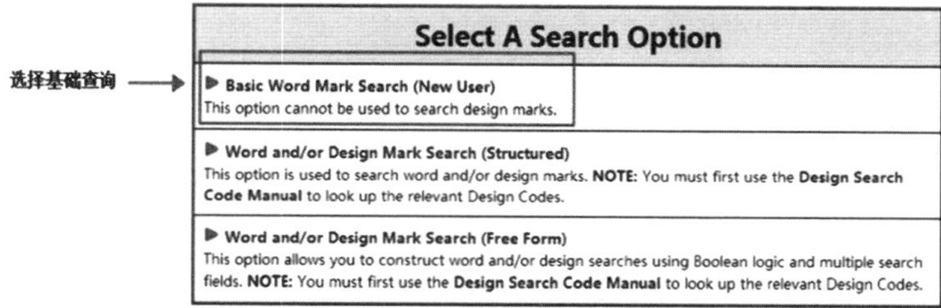

图附–4

第三步：

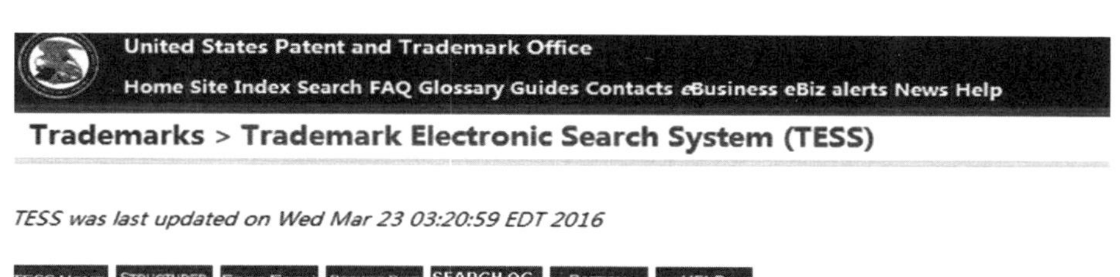

WARNING: AFTER SEARCHING THE USPTO DATABASE, EVEN IF YOU THINK THE RESULTS ARE "O.K.," DO
USPTO. AFTER YOU FILE AN APPLICATION, THE USPTO MUST DO ITS OWN SEARCH AND OTHER REVIEW,

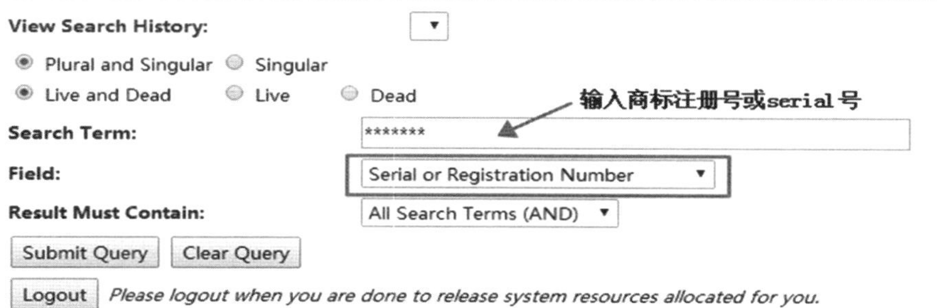

图附–5

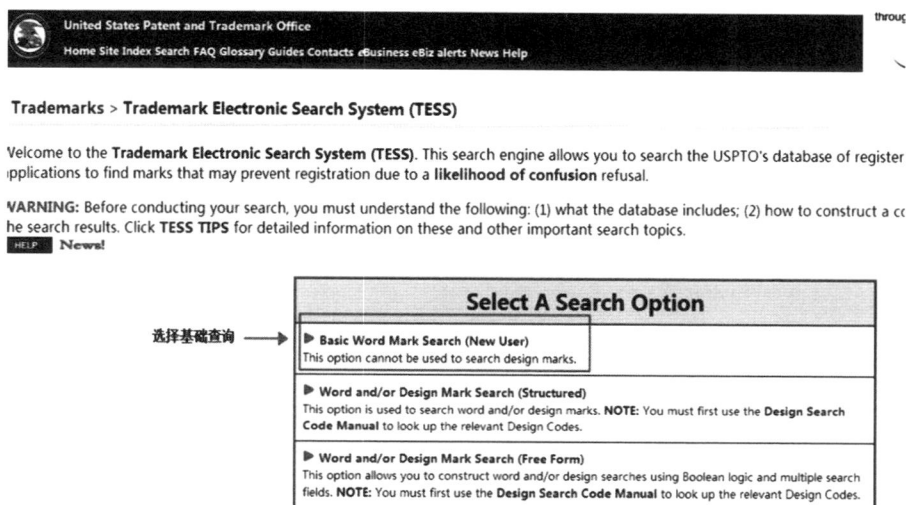

3.欧盟

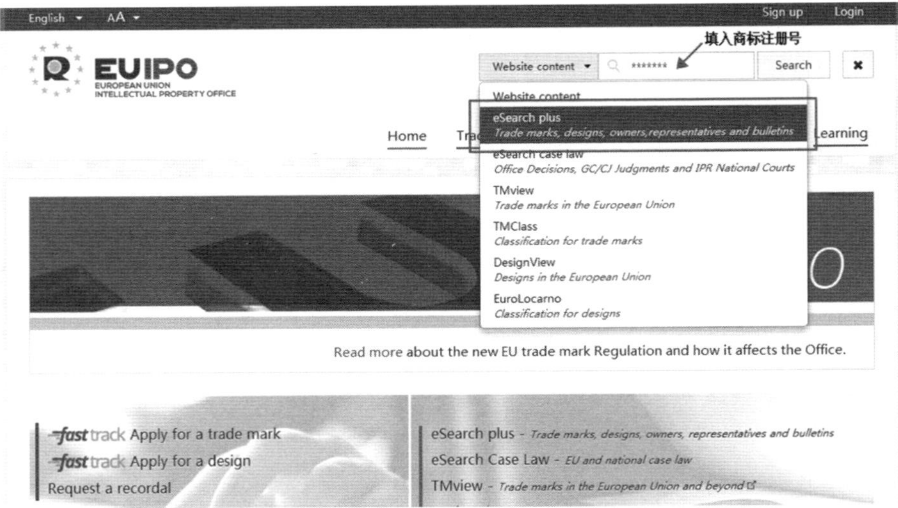

图附–6

4.世界知识产权组织(WIPO)

图附–7

二、专利查询工具

1.中国

图附–8

2.美国

第一步：

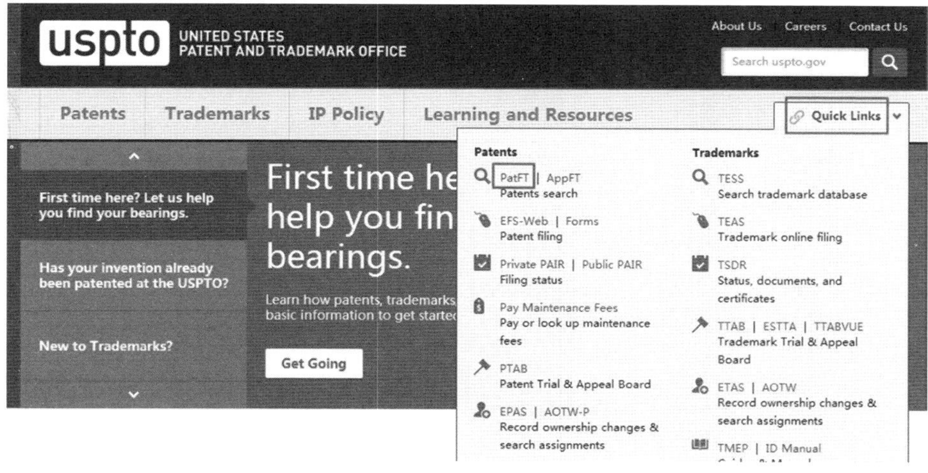

图附–9

第二步：

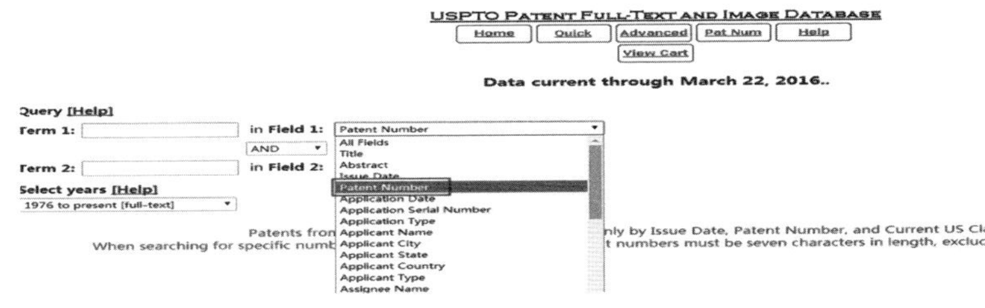

图附-10

3.欧盟

(1)注册设计。

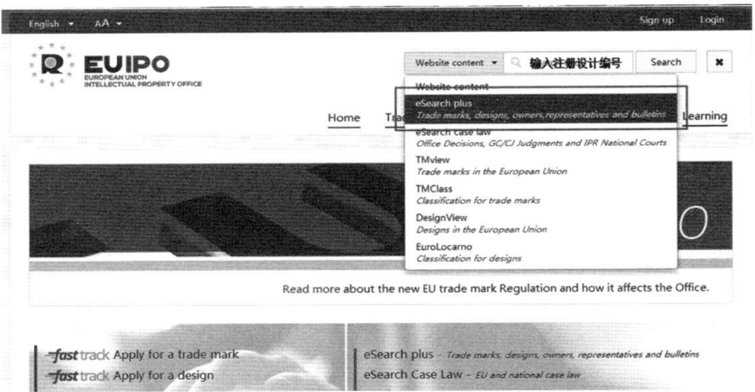

图附-11

(2)专利。

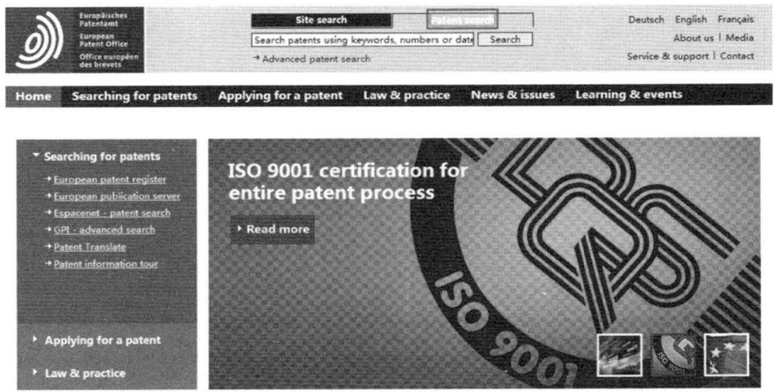

图附-12

4. 世界知识产权组织

（1）国际专利体系。

Mobile | Deutsch | Español | Français | 日本語 | 한국어 | Português | Русский | 中文 | العربية |
可选中文哦~
WIPO
PATENTSCOPE
Search International and National Patent Collections
WORLD INTELLECTUAL PROPERTY ORGANIZATION
Search
Browse
Translate
Options
News
Login
Help
Home > IP Services > PATENTSCOPE
Simple Search
Using PATENTSCOPE you can search 52 million patent documents including 2.9 million published international patent applications (PCT). Detailed coverage information can be found here (->)
ID/Number
输入相关注册号
Office: All
Search
Front Page
Any Field
Full Text
English Text
ID/Number
Names
Dates
(2016/03/17) is now available. The next publication date is scheduled as follows: Gazette number 12/2016 (2016/03/24). More

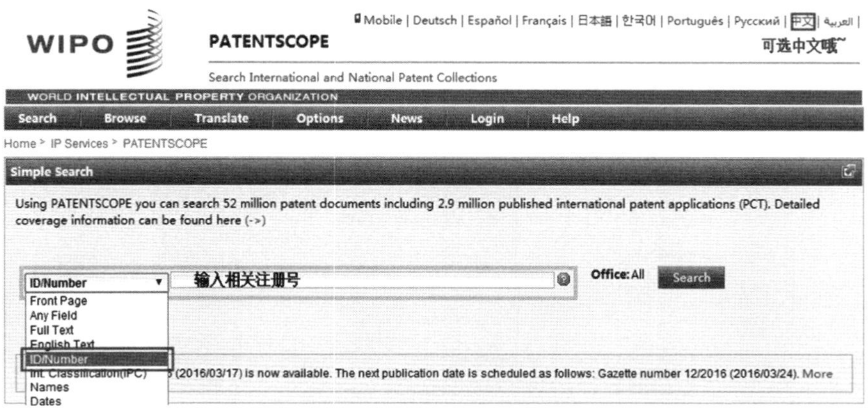

图附-13

（2）海牙协定——国际外观设计体系。

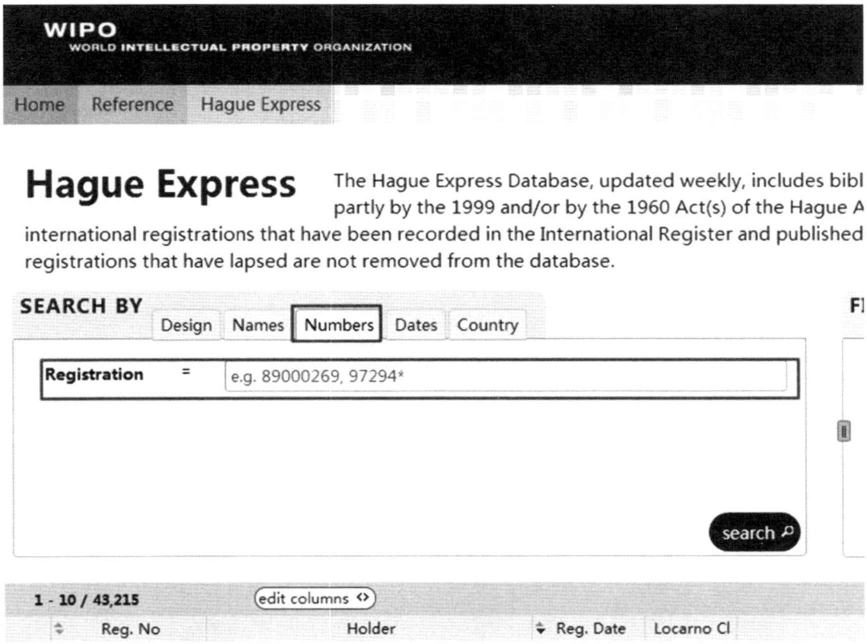

WIPO
WORLD INTELLECTUAL PROPERTY ORGANIZATION
Home
Reference
Hague Express
Hague Express
The Hague Express Database, updated weekly, includes bibl
partly by the 1999 and/or by the 1960 Act(s) of the Hague A
international registrations that have been recorded in the International Register and published
registrations that have lapsed are not removed from the database.
SEARCH BY
Design
Names
Numbers
Dates
Country
Registration
=
e.g. 89000269, 97294*
search
1 - 10 / 43,215
edit columns
Reg. No
Holder
Reg. Date
Locarno Cl

图附-14

附录2:知识产权侵权申诉材料介绍

一、知识产权侵权申诉需要提供什么凭证

请您根据知识产权申诉页面的投诉类型,选择对应的凭证进行申诉。(具体情况见表6-1)

表6-1

<table>
<tr><th colspan="2">知识产权投诉类型</th><th>知识产权申诉材料类型</th></tr>
<tr><td rowspan="4">商标权</td><td>商标权—假货</td><td rowspan="2">正规进货来源
自有知识产权</td></tr>
<tr><td>商标权—不当使用他人商标</td></tr>
<tr><td>商标权—假货—司法判决或行政裁决</td><td rowspan="2">司法判决或行政裁决</td></tr>
<tr><td>商标权—不当—司法判决或行政裁决</td></tr>
<tr><td rowspan="5">著作权</td><td>著作权—盗版</td><td rowspan="2">正规进货来源
在先证明</td></tr>
<tr><td>著作权—不当使用他人著作权</td></tr>
<tr><td>著作权—不当—官网盗图</td><td>原图/图片授权</td></tr>
<tr><td>著作权—盗版—司法判决或行政裁决</td><td rowspan="2">司法判决或行政裁决</td></tr>
<tr><td>著作权—不当—司法判决或行政裁决</td></tr>
<tr><td rowspan="6">专利权</td><td>发明专利—不当使用他人专利权</td><td rowspan="3">主张差异
在先证明
正规进货来源</td></tr>
<tr><td>实用新型专利—不当使用他人专利权</td></tr>
<tr><td>外观设计专利—不当使用他人专利权</td></tr>
<tr><td>发明专利—不当—司法判决或行政裁决</td><td rowspan="3">司法判决或行政裁决</td></tr>
<tr><td>外观设计专利—不当—司法判决或行政裁决</td></tr>
<tr><td>实用新型专利—不当—司法判决或行政裁决</td></tr>
</table>

二、部分知识产权申诉材料类型示例

（一）正规进货来源（适用于非司法判决或行政裁决类的知识产权投诉类型）

知识产权申诉中，正规进货来源申诉材料是指什么？

正规进货来源指的是您商品的进货凭证或者授权凭证等可以证明商品合法来源的材料，您可以根据您的进货渠道选择提供对应的申诉材料。

1.若为授权书

（1）授权链路完整。

从店铺注册人逐级关联到知识产权所有人完整链路的授权凭证。（如知识产权所有人→B→C→商家）

（2）授权期限须在有效期内并且早于投诉日期。

（3）授权书内容须包含对应的品牌、商品名称、规格、型号等。

（4）授权书需要加盖授权方公章。

2.若为进货单/发票

（1）进货链路完整。

从店铺注册人逐级关联到知识产权所有人完整链路的进货凭证。（如知识产权所有人→B→C→商家）

（2）进货单/发票须包含对应的品牌、商品信息（如名称、规格、型号、款式需要与被投诉产品款式一致等）、进货数量（需要与已出售数量相匹配）、价格、进货日期（须早于投诉日）、购买人、出售方等信息。

（3）发票须要加盖发票专用章，进货单需要加盖供货方公章/销货专用章等业务相关章。

（二）在先证明（适用于著作权—不当使用他人著作权、发明专利、外观设计专利和实用新型专利这几类知识产权投诉类型）

具体申诉材料分为以下几类（选择其一即可）。

1.有阿里巴巴旗下网站在先订单截图证明

订单截图：

（1）烦请提供阿里巴巴旗下电商平台（如淘宝、天猫、1688等，阿里巴巴平台后台可查询，其他网站的因无法查询订单详情故不认可）交易订单详情截图，需要包含相应网页地址栏、订单编号、订单时间、购买人、购买商品的品牌、型号/款号等信息。（注：订单中销售的产品，要求与投诉方专利材料中的视图、技术要点、美术作品信息等或者与被投诉的商品保持一致）。

（2）下单时间须早于著作权公开发布时间/专利申请日。

（3）只要是阿里巴巴平台的订单即可，不要求一定是被投诉店铺的销售记录。

2. 有在先公开发表证明

公开发表资料：

（1）公开发表资料如新浪微博、报刊、书籍等相应的著作权公开发表证明材料。

（2）若您提供网站截图，则截图须包含网站链接。

（3）公开发表时间须早于著作权公开发布时间/专利申请日。

3. 有在先权利证书

（1）若您被投诉著作权侵权，请提供自有著作权证书及作品登记页，且证书登记日必须早于权利人著作权公开发表日。

（2）若您投诉专利权侵权，请提供自有专利证书，且证书申请日必须早于权利人专利申请日，专利内容须与被投诉商品一致。

（三）原图/图片授权（适用于著作权官网盗图投诉类型）

1. 原图

（1）原图不能过小，申诉页面可上传单张5M图片。

（2）原图是指您用相机、手机等拍摄工具拍摄后直接导出，没有加工或修改过的图片。

2. 图片使用授权书

（1）权利人/投诉方图片使用授权书。

（2）授权书中须有图片/文字使用授权。

（3）须有权利人公章。

注意：请勿与销售授权混淆，该处侵权投诉为盗用官网图片，故需著作权使用授权证明。与销售授权无关。

（四）主张差异

（1）实用新型/发明专利权主张差异。

实用新型/发明专利权利要求书与被投诉产品技术点区别对比。

（2）外观专利权主张差异。

权利人外观专利六视图与被投诉产品六面图区别对比。

（3）著作权主张差异。

著作权作品与被投诉产品区别对比。

温馨提示：以上申诉引导内容仅供参考，相关部门会对您所提供的具体申诉材料结合实际投诉情况进行综合评估。

参考文献

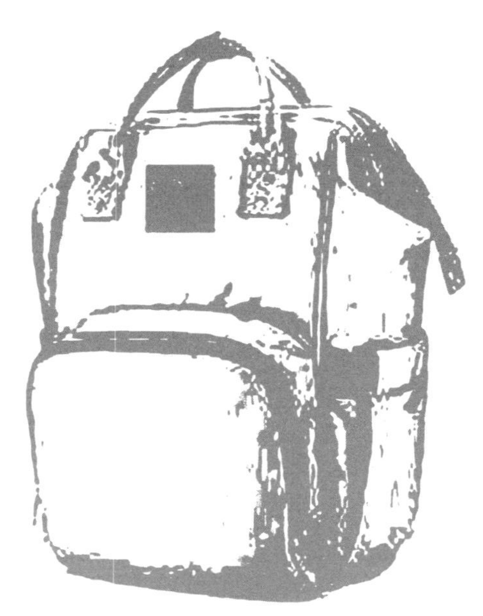

参 考 文 献

［1］ 阿里巴巴（中国）网络技术有限公司.跨境电商B2B立体化实战教程［M］.北京:电子工业出版社,2019.

［2］ 速卖通大学.跨境电商:阿里巴巴速卖通宝典［M］.北京:电子工业出版社,2015.

［3］ 孙正君,袁野.亚马逊运营手册［M］.北京:中国财富出版社,2017.

［4］ 孔祥俊.知识产权法律适用的基本问题:司法哲学、司法政策与裁判方法［M］.北京:中国法制出版社,2013.

［5］ 冯术杰.知识产权法:国际的视野与本土的适用［M］.北京:法律出版社,2015.

［6］ 电子商务法起草组.中华人民共和国电子商务法条文释义［M］.北京:法律出版社,2018.